심리학 프리즘

심리학 프리즘

오늘보다 더 나은
내일을 위한
여섯 가지 조언

최인철
폴 블룸
최인수
김민식
마이클 가자니가
헤이즐 로즈 마커스

21세기북스

서문

재단법인 플라톤 아카데미는 지난 몇 년 동안 인문학적 성찰을 주제로 근본적인 질문들을 던져왔다. 나는 누구인가? 나는 어떻게 살고 죽을 것인가? 다가오는 문명의 전환기 앞에 우리는 무엇을 해야 하는가?

그러나 무엇보다 인문학적 성찰에서 가장 중요한 핵심은 인간을 아는 것, 사람을 이해하는 일일 것이다. 급변하는 4차 산업 혁명 시대에 발맞추어야 한다고는 하지만 사회의 변화를 이끄는 것도, 문명의 길을 만드는 것도 결국은 우리 인간이기 때문이다. 그래서 시대와 문명의 변화를 논하기 전에 가장 먼저 물어야 할 근본적인 질문으로 돌아가고 싶었다.

'인간, 우리는 누구인가?'

인문학의 여러 분야 중에서 인간을 가장 체계적이고 치열하게 연구하는 분야를 꼽으라면 심리학을 빼놓을 수 없을 것이다. 그래서 재단법인 플라톤 아카데미는 서울대학교 행복연구센터, 사단법인 한국심리학회와 함께 심리학이라는 프리즘을 통해 우리 인간에 대해 묻고 답하는 자리를 마련했다. 이번에 발간하는 『심리학 프리즘』은 2017년 서울대학교 중강당에서 개최된 공개강좌, '심리학, 인간을 말하다'의 강연 내용을 담고 있다. 국내 최고의 심리학자는 물론 세계적인 석학이 한자리에 모여 나눈 이야기를 책으로 엮었다.

심리학에서는 인간을 제대로 이해하기 위해 세포나 호르몬, 뇌와 같은 비교적 낮은 수준에서부터 문화와 진화에 이르는 좀 더 높은 수준에 이르기까지 다층적인 수준에서 인간을 분석하고 있다. 연세대학교의 김민식 교수, 샌타바버라 소재 캘리포니아대학교의 마이클 가자니가 교수를 통해 인간의 뇌 수준에서 어떤 일들이 벌어지고 있는지를 중점적으로 살펴보았다. 또한 문화 수준에서 우리 의식이 어떻게 결정되는지를 알아보기 위해 최고의 문화심리학자인 스탠퍼드대학교의 헤이즐 로즈 마커스 교수의 목소리를 담았다.

한편 심리학은 사람이 어떠한지를 중립적으로 기술하는 데 중점을 두면서도 어떻게 사는 것이 잘 사는 것인지에 대한 관심도 놓지 않고 있다. 예를 들면 창의성이란 무엇이고 어떻게 하면 우리가 창의적인 삶을 살 수 있는지, 도덕적인 삶이란 무엇이고 어떻게 하면 도덕적인 삶을 살 수 있는지, 또 인간의 행복이란 무엇이고 어떻게 하면 그런 삶을 살 수 있는지에 대해서도 많은 연구를 하고 있다. 그래서 이 책에서는 창의성, 도덕, 행복에 대한 주제도 함께 다루고 있다. 창의적인 삶에 대해서는 성균관대학교의 최인수 교수께서, 행복에 대해서는 서울대학교 최인철 교수께서, 도덕적인 삶에 대해서는 예일대학교 폴 블룸 교수께서 흥미진진하고 열띤 강연을 했고, 그 내용을 고스란히 책에 담았다.

이처럼 국내외 최고의 심리학자들의 목소리를 담은 이 책을 통해 독자들은 심리학의 다양한 연구 분야에서 인간을 어떻게 이해하고 있는지, 그것에 기초해서 우리 인간이 어떻게 사는 게 좋은 것인지에 대한 답을 얻을 수 있기를 바란다.

아울러 이 자리를 빌려 시간과 지혜를 나누어주신 여섯 분의 강연자들께 찬사와 감사를 드린다. 또한 강연 때마다 입추의 여지없이 힘찬 박수로 성원해주신 많은 시민 청중께도 감사를 드린다.

기획에 함께 동참하고 장소를 제공해준 서울대학교 행복연구센터와 사단법인 한국심리학회 측에도 감사의 말씀을 드린다. 국내 최고의 심리학 전문가 집단이 함께해주셨기에 양질의 내용을 담아낼 수 있었다.

방송을 통해 강연자들의 지혜를 온 국민과 함께 나눌 수 있도록 도와주신 SBS CNBC 임직원께도 감사를 드리고 싶다.

좋지 않은 출판 사정 가운데서도 꾸준히 플라톤 아카데미 총서를 발간해주시고, 이번 총서 또한 멋지게 편집해주신 21세기북스 임직원께도 감사를 드리지 않을 수 없겠다.

해마다 '인문학의 위기'에 대한 우려가 심화되고 있는 듯하다. 인간 삶에 대한 성찰이자 결과인 인문학이 사라진다면 삶에 대한 성찰도 사라지고, 이는 결국 우리 삶의 위기로 이어지고 말 것이다. 인문학의 위기론이 팽배하고 모든 정신적 가치가 퇴색되어 가는 이 시대에도 결코 잊지 않아야 할 인간 삶에 대한 궁극적 물음들을 위해 우리의 여정은 계속될 것이다. 이제 수많은 분들과 함께 나누었던 감동과 깨달음의 이 위대한 여정이, 이 책을 통해 더 넓은 세상에서 이어지기를 바란다.

2018년 12월
재단법인 플라톤 아카데미 총서 편집국

contents

1부 PRISM
나는 어떻게 살아야 하는가

2부 SPECTRUM

우리는 어떤 존재인가

나는 어떻게
살아야 하는가

PRISM

01

내 삶을 망치는 심리학의 조언
최인철

서울대학교 심리학과 교수이자 동대학교 행복연구센터 센터장이다. 서울대학교 심리학과를 졸업한 후 미국 미시간대학교에서 사회심리학 박사학위를 받았다. 미국 일리노이대학교 심리학과 교수 및 국제 학술지《*Personality and Social Psychology Bulletin*》부편집장을 역임했다. 2010년 서울대학교 행복연구센터를 설립해 행복과 좋은 삶에 관한 연구뿐 아니라 초·중·고등학교에 행복 교육을 전파하고, 전 생애 행복 교육 프로그램을 개발하는 등 행복의 심화와 확산에 매진하고 있다. 2003년에 한국심리학회 소장학자상을, 2017년에 홍진기 창조인상을 수상했다.

저서로는 『굿 라이프』 『프레임』 『어떻게 살 것인가』(공저) 등이 있고, 『생각의 지도』 『행복에 걸려 비틀거리다』 등을 번역했다.

'굿 라이프good life'라는 어려운 주제에 관해 이야기해보려고 한다. 우선 미시간대학교 대학원에서 사회심리학을 공부하던 때의 이야기다.

1993년 미국으로 유학을 갔을 당시, 나의 가장 큰 관심사는 '어떻게 하면 좋은 삶에 관한 훌륭한 연구를 많이 해서 세계적인 저널에 발표할 수 있을까' 하는 것이었다. 그런데 첫 학기가 시작되고 며칠 지나지 않아 나는 곧 내 뜻대로 그렇게 쉽사리 연구 결과를 얻을 수 있을 것 같지 않다는 사실을 깨달았다. 훌륭한 연구를 해내기 위해서는 1차 관문이자 최종 관문을 통과해야 하는데, 그것은 바로 지도교수가 인정하는 연구 아이디어를 생각해내는 것이었다. 내가 아무리 재미있고 가치 있는 아이디어라고 주장해도 지도교수가 허락하지 않으면 실행하기가 어렵기 때문이었다.

나의 지도교수는 『생각의 지도』 등의 저자로 잘 알려진 세계적인 심리학자 리처드 니스벳Richard E. Nisbett이었다. 연구 아이디어를 고심하던 중 그가 쓴 「반창의성 편지The Anticreativity Letters」라는 제목의 편지 형식의 에세이를 접하게 됐다.

어떻게 나쁜 삶을 살 것인가

리처드 니스벳 교수는 이미 세계적인 명성을 얻은 학자였기에 많은 대학원생과 이제 막 교수직을 시작한 젊은 교수들이 그에게 "어떻게 하면 창의적인 연구를 할 수 있을까요?" 같은 질문을 끊임없이 해왔다. 그는 그들의 질문에 대한 답으로 「반창의성 편지」라는 제목의 글을 썼다.

그런데 왜 글의 제목이 '창의성 편지'가 아니고 '반창의성 편지'였을까? 글의 내용이 '어떻게 하면 창의적인 연구를 할 수 있을까'가 아니라 '뻔한 연구 방법'을 알려주는 편지였기 때문이다.

글을 읽어보니 무릎을 칠 만한 내용이 아주 많았다. 예를 들어 당신이 그저 그런 평범한 학자가 되고 싶다면 다른 분야의 사람들과 이야기하지 말고 같은 분야의 사람들하고만 시간을 보내면 되고, 또 전공 논문 읽기도 바쁘니 소설이나 시 따위는 읽지도 말라는 내용이었다. 그러면 당신의 연구는 분명 망할 것이라는 뼈 있는 조언이었다.

만약 리처드 니스벳 교수가 '창의성 편지'라는 제목으로 창의적으로 연구하는 방법을 조언했다면 아마 글을 읽는 내내 비장함과 무거움이 느껴졌을 것이다. 그런데 그 반대로 조언을 해주니 매우 흥미롭게 느껴지는 효과가 있었다. 이 글은 바로 창의적인 연구에 대한 그의 힌트였다.

나중에 알게 된 일이지만 리처드 니스벳 교수의 이 글은 소설 『나니아 연대기』로 유명한 C. S. 루이스의 작품 『스크루테이프의 편지』에서 그 모티브를 가져온 것이었다. 기독교 사상가이기도 했던 루이스는 '어떻게 하면 좋은 신자가 될 수 있을까'에 대한 주제로 글을 쓰기로 했는데 곧이곧대로 쓰면 진부한 조언에 그칠 것 같아 생각을 조금 비틀어서 써보기로 한다.

『스크루테이프의 편지』는 경험 많고 노회한 악마 스크루테이프가 조카이자 풋내기 악마인 웜우드에게 인간을 유혹하는 방법에 관해 쓴 31통의 편지를 담은 책이다. C. S. 루이스는 어떻게 하면 타락한 사람이 될 수 있는지에 대해 이야기함으로써 사람들에게 강력하게 메시지를 전달하고자 했던 것이다.

이런 반대적 사고를 흔히 역발상이라고 한다. 해결하기 어려운 문제에 직면하거나 아이디어가 떠오르지 않을 때 시도하는 방법이기도 하다. '굿 라이프'라는, 해답이 존재하지 않는 어려운 주제를 바로 이 역발상의 방식을 빌려 이야기해보려 한다. 그래서 무엇이 좋은 삶인가, 어떻게 하면 좋은 삶을 살 것인가가 아닌 무엇이 나쁜 삶인가, 어떻게 하면 내 삶을 망칠 수 있는가에 대해 이야기할 것이다. 그럼으로써 좋은 삶에 한 발 더 다가갈 수 있다면 그것만으로도 감사한 일일 것이다.

역발상 방식으로 이야기를 풀어가기 위해서는 C. S. 루이스의 『스크루테이프의 편지』에서 하나의 모티브를 더 가져와야 한다.

스크루테이프는 풋내기 악마인 웜우드가 범하고 있는 큰 실수에 대해 조언한다. 웜우드는 경험이 없다 보니 인간을 타락시키는 방법은 살인이나 사기 등의 흉악한 범죄를 저지르도록 유혹하는 것이라고 생각했다.

그러나 경험이 많은 스크루테이프는 인간을 타락시키는 것은 그런 흉악한 범죄가 아니라 별것 아닌 것처럼 여겨지는 일상의 작은 습관이라고 조언한다.

『스크루테이프의 편지』 가운데 열두 번째 편지의 마지막 부분에 다음과 같은 내용이 담겨 있다.

사실 가장 안전한 지옥행 길은 한 걸음 한 걸음 가게 되어 있다. 그것도 경사도 완만하고 걷기도 쉬운데다가 갈래길도 이정표도 표지판도 없는 길이지.

다시 말해 우리가 이야기하는 나쁜 삶이란 엄청난 잘못을 저질러서가 아니라 우리 안에 있는 작은 습관이나 어떤 생각들이 자신도 모르는 사이 우리의 삶을 서서히 나쁜 쪽으로 이끈다는 것이다.

반대로 생각해보면 우리가 이야기하는 좋은 삶도 엄청나게 훌륭한 일을 이루어서가 아니라 별것 아닌 것 같은 일상의 작은 습관들이 자신도 모르는 사이에 좋은 삶 쪽으로 인도하는 것이다. 따라서 우리가 주목해야 할 그 일상의 중요한 습관들에 대해 이야기해보도록 하겠다.

그에 앞서 우리를 좋은 삶으로부터 멀어지게 하는 것들에 대해 짚고 넘어가도록 하자. 다음은 '나쁜 삶을 위한 십계명'이다.

1. 돈보다 중요한 것은 없다.

2. 아무도 믿지 마라. 사방이 적이다.

3. 오늘 할 일을 반드시 내일로 미루어라.

4. 가족은 원수다.

5. 친구는 기생충이다. 없을수록 좋다.

6. 악한 사람들과 사귀어라.

7. 하고 싶은 일은 절대 하지 마라. 하기 싫은 일을 하라.

8. 아무거나 먹고 운동은 절대 하지 마라.

9. 늘 소음 속에서 살아라.

10. 결국 난 안 된다는 생각을 잠시도 잊지 마라.

여러 가지 심리학적 연구에 기초한 것이니 만큼 여러분도 이렇게 삶을 망치는 탁월한 비결을 한번 작성해보기 바란다. 동시에 딱딱하고 무거울 수 있는 이야기인 '좋은 삶'에 대해 조금은 재미있게 접근해볼 수 있을 것이다.

그러나 이보다 더 중요한 것은 누구나 인정하는 이런 분명한 이야기들이 아닌 모호하고 은밀한 습관이나 생각들의 위험성에 대해 생각해보는 것이다.

워라밸을 기계적 균형으로 착각한다

|

좋은 삶이란 첫째, 균형이 잘 잡힌 삶이다. 이에 대해 이의를 제기하는 사람은 없을 것이다. 예를 들어 현대인들에게 있어서 좋은 삶의 척도 중 하나는 '워라밸Work and Life Balance', 즉 일과 라이프의 균형을 찾는 것이다.

그런데 일과 라이프의 균형을 찾는다는 게 과연 어떤 의미일까? 특히 우리나라 사람들은 지금까지 너무 많은 시간 일을 해왔으니 이제는 일보다 가족을 좀 더 중요하게 여기는 것일까, 아니면 적당한 선에서 일과 가족 모두 중요하게 여기는 것일까?

최근 우리 학교의 한 대학원생이 사람들에게 '당신의 삶에서 일이 얼마나 중요한가?'를 묻고, 그 정도를 1~7점 사이로 답해달라고 했다. 그다음은 똑같은 방식으로 가족이 얼마나 중요한지에 대해 물었다. 분석 결과 일과 가족 모두 중요하다고 생각한 사람의 행복감이, 가족보다 일이 더 중요하다고 생각하는 사람들의 행복감보다 월등히 높게 나타났다.

요즘 사람들 사이의 또 하나의 고민은 '어떻게 살아야 행복할까?' 하는 것이다. 어떤 사람들은 즐겁게 사는 게 행복한 삶이라고 생각하고, 어떤 사람들은 힘이 들더라도 무언가를 성취하고 의미 있는 일을 하는 게 행복한 삶이라고 생각한다. 결국 행복 또한 즐거움과 의미 사이의 균형을 찾는 일이라고 할 수 있다.

그렇다면 즐거움과 의미를 어떻게 추구할 수 있을까?

이 질문의 답을 찾기 위해 우리 연구팀에서는 사람들이 어떤 일을 통해 즐거움과 의미를 경험하는지를 측정하기로 했다. 연구팀은 하루 세 번씩 2~4주간 반복적으로 참여자들에게 문자를 보내 지금 무슨 일을 하고 있는지 물었다. 그리고 그 일이 얼마나 의미 있고 즐거운지도 물었다. 우리는 이 조사를 통해 두 가지 데이터를 얻었다. 하나는 개인에게 있어서의 즐거움과 의미의 상관관계이며, 또 하나는 참여자들이 해당 기간 동안 경험한 즐거움과 의미의 총합이다.

먼저 즐거움과 의미의 상관관계 계수를 구하자 그 상관관계가 비교적 높게 나타났다. 다시 말해 일정 기간 동안 즐거움을 많이 경험한 사람은 그 기간 동안 의미도 제법 많이 경험했고, 즐거움을 경험하지 못한 사람은 의미도 별로 경험하지 못한 패턴을 보였다. 이 데이터만 놓고 본다면 즐거움과 의미의 균형을 찾는 것에 대해 더 이상 고민할 필요가 없다. 자연스럽게 균형이 이루어지고 있기 때문이다.

그런데 한 개인이 즐거움과 의미를 어떻게 경험하는지 그 패턴을 분석하자 놀랍게도 크게 상관이 없는 것으로 나타났다. 예를 들어 내가 밥을 먹을 때 즐거움이 높게 나타났다고 해서 의미까지 높게 나타나지는 않는다는 것이다. 또 아주 의미 있는 강의를 듣는다고 해서 반드시 즐거움도 높게 나타나는 것은 아니었다. 정리하면 한 개인에게 있어서 즐거움과 의미의 상관관계가 크지는 않지만 일정 기간 개인의 즐거움과 의미의 총합에서는 상관관계가 크다는 것이다.

왜 이런 현상이 나타날까? 그리고 이 실험 결과가 의미하는 것은 무엇일까? 예를 들어 김치찌개도 좋아하고 파스타도 좋아하는 사람이 있다고 가정해보자. 이 두 음식을 적절히 섭취할 수 있는 균형 잡힌 식단을 유지하고 싶다면 어떻게 해야 할까? 우리가 보통 식사를 할 때 김치찌개와 파스타를 동시에 먹는 경우는 거의 없다. 하지만 두 음식을 모두 좋아하는 사람이 있다고 가정하면 그 사람은 일정 기간 동안 김치찌개도 많이 먹었을 테고, 김치찌개를 먹지 않을 때는 파스타도 많이 먹었을 것이다. 그 결과 두 음식의 관계가 높게 나타날 가능성이 큰 것이다.

즐거움과 의미 사이의 균형을 찾는 게 반드시 즐거움과 의미가 동시에 높아야 한다는 것은 아니다. 어느 순간에는 즐거움이 가득한 일을 할 수도 있고, 또 어느 순간에는 의미가 가득한 일을 할 수도 있다. 그렇게 반복하다 보면 일정 기간이 지나면서 자연스럽게 균형이 잡힌다.

그런데 즐거움과 의미를 동시에 느끼는 게 균형이라고 오해하는 사람들이 이외로 많다. 그런 오해는 우리의 많은 경험을 힘들고 즐겁지 않은 것으로 만들어버린다.

김치찌개와 파스타를 동시에 먹을 수는 없지만 일정 기간 동안 다 자주 먹을 수는 있다는 이 원리는 일과 가족 사이의 균형에도 그대로 적용된다. 균형은, 예를 들어 한창 일이 진행되고 있는 와중에 '워라밸이 중요하니까 퇴근해야지'라며 하던 일을 접고 그냥 퇴근해버리는, 그런 기계적인 의미가 아니다. 중요한 일을 할 때는 그 일에 몰두할 필요도 있다. 반대로 일이 끝나면 온전히 가족에게 몰두하는 시간을 갖는 게 일과 가족 간의 균형을 찾는 바람직한 방법일 것이다.

매일, 매순간 워라밸을 염두에 두고 생활한다면 오히려 죄책감으로 더 큰 스트레스를 받을 수 있다. 좋은 삶을 위한 균형은 기계적인 균형이 아니다. 그보다 일정 기간 동안은 어느 하나를 경험하고, 일정 기간 동안은 또 다른 것을 경험하는 식의 유동적인 균형을 찾아가다 보면 이 둘 사이의 갈등으로부터 조금은 자유로워질 수 있다.

좋아하는 일만 하며 살 수 없다고 믿는다

현대인들은 종종 좋아하는 일과 잘하는 일 사이에서 괴로워한다. 익숙하고 능숙하게 잘하는 일이지만 가슴이 뛰지 않을 때는 어떻게 해야 할까?

사실 잘하는 것과 좋아하는 것은 밀접한 관련이 있다. 잘하면 좋아하게 되고, 좋아하다 보면 잘하게 되는 게 보통이다. 그런데 이 둘이 극단적으로 불일치하는 경우가 문제다.

좋아하는 일을 했을 때 잘하게 될 확률과, 잘하는 일을 했을 때 좋아하게 될 확률 중 어느 쪽이 더 높을까? 시간으로 이야기하면 좋아하는 일을 잘하게 될 때까지 걸리는 시간과, 잘하는 일을 좋아하게 될 때까지 걸리는 시간 중 어느 쪽이 더 짧을까? 그리고 좋아하는 일은 아니지만 시간이 흘러서 정말 잘하게 되면 호감이 생길 가능성이 있을까? 만약 그럴 가능성이 없다면 그 일에 충분히 시간을 할애하지 않은 것은 아닐까? 대략 어느 정도의 시간을 할애하면 그것이 가능할까?

여기에 대한 답을 찾기 위해 지금 연구 중이다. 연구가 조금 더 진행되다 보면 잘하는 일이 좋아하는 일이 되기까지 걸리는 대략적인 시간을 도출해낼 수 있을 것이다.

우리 사회는 굉장히 일을 열심히 하고, 또 규범이 강한 사회다. 말하자면 내가 해야 할 일들에 대한 아주 많은 규범이 존재하고, 그 규범들을 어겼을 때는 강한 처벌이 뒤따르는 매우 엄격한 사회다.

이런 문화적인 분위기를 유지하는 강력한 이데올로기 중 하나가 '내가 좋아하는 일만 하면서 살 수는 없다'라는 생각이다. 이런 생각은 때로는 우리에게 위안이 될 수도 있지만 동시에 크게는 자신이 진짜로 원하는 일을 못 하게 하는 방해물이 되기도 한다.

실제로 '내가 좋아하는 일만 하면서 살 수는 없다'라는 생각이 오용되거나 남용되는 경우는 아주 많다. 특히 직장 상사가 아랫사람에게 무리한 일을 시킬 때, 또 부모가 자녀에게 공부하라고 잔소리할 때 종종 남용되거나 오용된다. 또 이 생각은 새로운 도전 앞에 용기가 나지 않을 때도 우리로 하여금 현실에 안주하도록 만들어버린다.

'내가 좋아하는 일만 하면서 살 수는 없다'라는 말에 우리가 쉽게 굴복해서는 안 되는 이유, 그래서 자신이 원하는 일을 자발적으로 하는 게 얼마나 중요한지를 보여주는 데이터가 있다.

서울대학교 행복연구센터에서 한국 성인들을 대상으로 하루

중 언제 가장 행복을 많이 경험하는지를 조사했다. 역시나 일할 때 행복감이 가장 낮게 나타났다. 추가적으로 '당신은 지금 그 일을 얼마나 자발적으로 하고 있는가?'라고 질문하자 자발적으로 하고 있다는 사람도 있었지만 억지로 하고 있다고 대답한 사람도 있었다.

그런데 같은 일을 하고 있음에도 불구하고 자율성이 높은 사람은 동시에 느끼는 스트레스 지수가 낮았고, 자율성이 낮은 사람은 동시에 느끼는 스트레스 지수가 높게 나타났다. 다시 말해 자율성이 높은 사람이 낮은 사람에 비해 행복감이 압도적으로 높았다. 이는 그리 놀라운 결과가 아닐 수 있다. 자발적으로 일을 하고 있으니 스트레스가 적고 행복감이 높은 것은 어쩌면 당연한 결과일 테니 말이다.

그런데 적당한 스트레스와 때때로 생겨나는 부정적인 감정들이 꼭 나쁜 것만은 아니다. 심리학에서도 부정적인 감정이 전혀 없는 상태가 행복이라고 생각할수록 오히려 행복감이 떨어지는 현상이 나타난다고 말한다. 살다 보면 어쩔 수 없이 생겨나는 스트레스와 부정적인 감정들을 자연스러운 것으로 받아들이지 않으면 오히려 쉽게 좌절하는 현상이 나타난다.

문제는 이때 적당한 스트레스는 도움이 된다는 명제로 자기 자신이나 타인을 악용하는 것이다. 예를 들어 타인에게 "적당한 스트레스는 좋은 거야!"라며 상대방이 원하지 않는 일을 강요해서는 안 된다는 것이다. 적당한 스트레스는 좋은 것이라는 우리의 생각 자체가 나쁜 것은 아니다. 그 생각을 점검하지 않고 무분별하게 사용함으로써 자신과 주변 사람들에게 손해를 끼치는 게 문제다. 그래서 자신의 생각을 때때로 점검해볼 필요가 있다.

살아가면서 인간에게 가장 필요한 것 중 하나가 자율성이며, 이 자율성과 더불어 중요한 또 하나가 '관계'다. 이 둘은 인간에게 반드시 필요한 요소다. 그런데 이 두 가지 요소에도 균형이 따라야 한다. 지금까지 우리 사회에서는 지나치게 상호 의존과 관계를 강조함으로써 자칫 독립적이고 자율적인 행위를 이기적인 행동으로 치부하는 경향이 강했다.

그렇다 보니 독립성이나 자율성이 두드러지는 사람들은 이유 없이 죄책감을 갖게 된다. 그래서 이제는 나 자신을 위한 행동을 이기적이거나 다른 사람과의 관계를 무시하는 행위라고 규정하기보다 아예 '독립성과 자율성을 추구하는 행위'라고 명명하면 그런 문제로부터 조금은 자유로워질 수 있을 것이다.

일상의 경험 가운데 즐거움과 의미 모두 최고로 높게 나타난 것은 바로 여행이다. 사람들은 여행을 할 때 강한 즐거움과 의미를 경험하는 반면, 일을 할 때는 둘 다 현저하게 낮게 나타났다. 그런데 놀랍게도 그 일을 자발적으로 하고 있을 때의 행복감은 여행을 할 때 경험하는 행복감과 동일한 수준을 보였다.

이 결과가 의미하는 것은 일을 하더라도 자발적으로 할 때는 여행과 동일한 수준의 행복감을 느끼고, 여행을 하더라도 억지로 하면 일처럼 느껴진다는 것이다. 따라서 자신이 원하는 일을 자발적으로 하는 것은 행복한 삶을 위해 매우 중요하다.

자율성의 중요성을 보여주는 한 연구 사례가 있다. 나와 대학원생들은 이 연구를 진행하기 위해 행복감이 아주 높은 사람들과 아주 낮은 사람들을 비교했다.

먼저 참가자인 대학생들에게 특정 과목의 수강 신청을 하는 상황을 상상하도록 했다. 이때 학생들은 자신이 좋아하는 과목이기는 하지만 잘하는 과목인지는 판단하기 어렵다. 그렇다면 이 과목을 수강할지 말지를 결정하는 데 있어서 잘할 수 있는지의 여부가 선택에 얼마나 중요한지 물었다. 이때 행복한 사람이나 그렇지 않은 사람이나 모두 비슷한 결과를 보였다.

이번에는 참가자들에게 반대의 상황을 제시하고 질문을 던졌다. 잘하는 과목이라는 확신은 분명하지만 좋아하는 과목인지는 불확실한 상황이라면, 내가 좋아하는지의 여부가 선택에 얼마나 중요한지 물었다. 그러자 행복감이 낮은 참가자들은 별로 중요하지 않다고 답한 반면, 행복감이 높은 참가자들은 매우 중요하다고 답했다. 다시 말해 행복한 사람들은 행복하지 않은 사람들과 달리 자신이 잘하는 일과 좋아하는 일의 상대적인 중요성을 결정할 때 좋아하는 일에 조금 더 비중을 두었다.

따라서 누군가 억지로 일을 시킬 때, 그리고 내 삶이 그런 하고 싶지 않은 일들로 가득 차서 책임감만으로 일을 하고 있을 때 스스로에게 하는 질문을 바꾸어볼 필요가 있다. 지금껏 '사람이 어떻게 좋아하는 일만 할 수 있는가'라는 말로 위안을 삼았다면, 이제는 '사람이 어떻게 남이 좋아하는 일만 할 수 있는가'로 질문을 바꾸어보는 것이다.

가끔은 내가 좋아하는 일을 하기 위해 하기 싫은 일을 해야 할 때도 있다. 이럴 때는 어떻게 해야 할까?

그 답을 찾기 위해서는 먼저 '자기통제self-control'와 '내가 좋아하는 것을 하는 것' 사이의 갈등관계에 초점을 맞추어야 한다. 예를 들어 내가 원하는 것을 이루기 위해 자기통제가 더 중요한지, 아니면 상대적으로 우선 즐거운 감정을 느끼는 쪽이 더 중요한지를 알아보는 것이다.

이에 대해 진행한 연구 결과에 따르면 적어도 성취하는 상황에서는 당장의 즐거움을 누리는 것보다 자기통제가 더 중요하게 나타났다. 물론 즐거운 감정을 느끼는 것도 중요하지만 상대적으로 비교하면 자기통제가 더 중요하게 작동한다는 것이다. 그렇기 때문에 좋아하는 것, 즐거운 것을 강조함으로써 그에 못지않게 중요한 자기통제를 무조건 경시하는 것은 바람직하지 않다.

그러나 하고 싶은 것을 하기 위해서는 하기 싫은 것부터 먼저 해치우는 게 좋다는 생각을 모든 상황에 적용시키는 것 또한 문제일 수 있다. 최근의 한 연구에 따르면 '일부터 하고 놀 것인가, 놀기부터 하고 일할 것인가?'라는 질문에 많은 사람이 일부터 하고 노는 쪽을 택했다. 노는 것부터 하면 노는 순간에도 일에 대한 생각 때문에 마음이 편치 않을 것 같고, 놀고 나서 일을 하면 일할 때도 힘이 들 것 같기 때문이라고 답했다.

그러나 실제로 노는 것부터 하고 일을 하게 한 결과 사람들이 걱정했던 것만큼의 부작용이 발생하지는 않았다. 그렇기 때문에 어느 쪽이든 반드시 그것만을 강조하기보다 상황에 따라 선택함으로써 균형 있는 삶을 만들어가는 창의적이고 유연한 사고가 필요하다.

이기적 이타성의 결과를 인정하지 않는다

|

얼마 전 페이스북의 창업자 마크 저커버그가 자신이 갖고 있는 재산의 99퍼센트를 기부하겠다고 발표해서 많은 사람들이 감동과 충격을 받았다. 50퍼센트도 아닌 99퍼센트 기부라니! 나 역시도 놀라기는 마찬가지였다.

그런데 그 순간 머릿속에 '저 정도의 재산이면 나도 그럴 수 있지 않을까?' 하는 생각이 스쳤다. 재산의 99퍼센트를 기부한다고 해도 여전히 마크 저커버그의 1퍼센트가 내가 갖고 있는 100퍼센트의 재산보다 많을 테니 말이다.

실제로 많은 사람들이 마크 저커버그의 기부에 관해 의심하기 시작했다. 비평가들은 그가 재산을 단순히 그냥 내주는 것은 아닐 것이라며, 세금 혜택을 누리기 위한 수단이 아니겠느냐고 비판했다.

마찬가지로 우리나라에서도 좋은 일을 순수하게만 보지 않는 경향이 있다. 의도된 무언가가 있을 것이라고 의심하는 것이다. 그런데 나를 비롯해서 그렇게 의심하고 비판하는 사람들은 좋은 일을 얼마나 많이 하고 있을까?

이타심에 대해 지나치게 높은 기준과 그 순수성을 강조하면,

오히려 그것 때문에 타인을 돕지 못한다. 그래서 결국 나도 누군가를 돕지 못하고, 선행하는 사람의 의도도 의심하는 악순환이 반복된다.

이런 의심과 비판은 자칫 합리적인 생각으로 보일 수도 있다. 그러나 이 합리적인 생각이 나도 모르게 내 안의 이타성을 억제하고 타인의 이타성을 폄하하도록 작용해서 결국 우리 모두가 이타성을 의심하는 결과를 낳는다.

우리 연구팀은 '순수 이타성에 대한 지나치게 이성적인 생각들'이라는 제목으로 문항을 만들어 사람들이 이타성의 순수성을 얼마나 강조하는지를 알아보았다. 그중 일부를 소개하면 다음과 같다.

1. 타인을 돕는 행위를 통해 실질적인 이익(이후의 보답이나 세금 혜택, 배움의 경험, 네트워킹 등)을 보는 경우는 이타적이라고 할 수 없다.

2. 자신이 괜찮은 사람이라는 기분을 느끼기 위해 남을 돕는 행위는 결코 이타적이라고 할 수 없다.

3. 타인을 돕지 않을 때 느낄 죄책감을 피하기 위해 남을 돕는 행위는 결코 이타적이라고 할 수 없다.

사실 1번 문항의 경우는 누구나 동의할 수 있는 내용일 것이다. 그러나 2번, 3번 문항의 경우는 자칫 옳은 생각처럼 보이지만 어쩌면 이런 생각들이 우리의 이타성에 부정적으로 작용할수도 있다.

사람들에게 위의 문항에 답하게 한 뒤 또 다른 질문을 던졌다. 먼저 어떤 사람이 어렵게 모은 돈을 기부한 사례를 보여주고, 이 사람의 행동이 얼마나 이타적이라고 생각하는지를 물었다. 그러자 앞의 세 가지 문항에 동의한 사람일수록 순수하게받아들이지 않고 어떤 의도가 있을 것이라고 답했다.

또 요즘 우리 사회에서 관심의 대상이 되고 있는 사회적 기업의 활동에 대해 소개한 뒤 얼마나 이타적이라고 생각하는지를물었다. 그러자 역시 앞의 세 가지 문항에 동의한 사람일수록사회적 기업에 대한 불신이 컸다.

이번에는 '당신은 얼마나 기부를 하고, 어떤 자원봉사를 하고있는가?'라는 질문을 던졌다. 그러자 순수성을 강조한 사람들일수록 기부나 자원봉사 등의 그 어떤 이타적인 행위도 하고 있지 않다고 답했다.

이어서 사회를 위해 좋은 일을 한 사람의 선행을 인정하고 기념하고자 한다면 이에 동의하는지 물었다. 그러자 이타성의 순수성을 강조하는 사람들일수록 반대한다고 답했다.

물론 나 자신을 위해 타인을 돕는 행위를 바람직하다고 이야기할 수만은 없다. 하지만 의도하지는 않았으나 좋은 일을 함으로써 나에게도 좋은 일이 생길 수 있지 않은가. 또 의도하지 않았지만 사람들로부터 인정을 받으면 스스로가 참 괜찮은 사람이라는 자부심이 들기도 한다.

그런데 이타성에 대해 이런 것들조차 반대하는 높은 기준을 적용하는 것은 얼핏 이성적인 것처럼 보이지만 실제로는 이타성을 저해하는 결과를 낳는다. 역설적으로 받아들일 수도 있겠지만 나는 의도하지 않았으나 나에게도 좋은 일이 생기는 이런 이기적 이타성의 결과도 인정하는 게 오히려 우리 안의 이타성을 더욱 확장시킬 수 있는 방편이라고 생각한다.

이런 생각을 하게 된 또 하나의 계기는 학술 저널 《사이언스》에 실린 '반사회적 처벌Antisocial Punishment'이라는 현상을 소개하는 논문을 통해서다.

예를 들어 네 명의 집단이 있고, 그들 각자에게 일정한 포인트를 분배했다. 그러고는 공동체를 위해 각자 기부를 하게 해 그 액수가 일정 선을 넘으면 공공재로 사용하도록 했다. 그러자 각각의 개인들에게, 기부는 적게 하고 대신 다른 사람이 많이 한 기부를 통해 만들어진 혜택을 최대한 누리고 싶다는 유혹이 생긴다. 한마디로 무임승차free-riding를 하고 싶은 심리가 생기는 것이다.

그다음 단계에서는 각자 기부한 금액을 공개함으로써 누가 무임승차를 하는지 서로 알게 하고, 각자에게 처벌할 수 있는 기회를 준다. 여기서 처벌은 무임승차한 사람이 갖고 있는 포인트를 빼앗는 것이다. 그러나 처벌에는 하나의 조건이 따른다. 상대방의 포인트를 빼앗기 위해서는 나의 포인트도 일정 부분 내놓아야 한다.

예를 들어 처벌 조건으로 상대방의 3포인트를 빼앗기 위해서는 나의 1포인트도 내놓아야 하는 것이다. 말하자면 누군가를 처벌하기 위해서는 나의 희생이 따르는 조건이다. 이런 조건 하에서 사람들은 함부로 누군가를 처벌하지 못한다.

그런데 놀랍게도 사람들이 자신보다 기부를 많이 한 사람, 즉 공동체를 위해 좋은 일을 한 사람들을 처벌하는 예상 밖의 현상이 나타났다. 이런 현상을 '반사회적 처벌'이라고 한다. 이 논문에 따르면, 세계의 여러 도시를 대상으로 실험한 결과 이런 반사회적 처벌 현상, 즉 좋은 일에 동참하지 않은 사람이 좋은 일을 한 사람을 욕하거나 처벌하는 일련의 행위들이 전 세계적으로 공공연하게 일어나고 있었으며, 특히 어떤 문화에서는 그런 현상이 더욱 두드러졌다. 물론 서울도 예외는 아니었다.

왜 이런 현상이 나타날까?

첫째, 기부한 사람을 보면서 상대적으로 자신이 못난 사람처럼 느껴지기 때문이다. 둘째, 서로 처벌할 수 있는 기회가 있다 보니 많이 기부한 사람이 적게 기부한 나를 처벌하기 전에 선제적으로 처벌하는 것이다. 셋째, 평소 행복도가 떨어지는 사람들일수록 반사회적인 처벌을 많이 한다. 넷째, 기부를 많이 한 사람이 분명 나를 이기적인 사람으로 만들기 위해 의도적으로 한 행동이라고 생각하기 때문이다. 누군가 좋은 일을 한 사람을 상대로 비난하거나 처벌할 때 그것을 용인하는 문화일수록 이런 반사회적 처벌 현상이 두드러지게 나타났다.

나와 타인을 다른 잣대로 평가한다

사람들이 살아가면서 가장 괴로운 순간은 언제일까? 또 가장 괴로운 감정은 어떤 것일까?

사랑하는 가족이 세상을 떠나거나 좋아하는 사람과 이별했을 때의 슬픔도 고통스럽고, 열심히 했으나 실패를 경험했을 때의 좌절감도 고통스러울 것이다.

그런데 주변 사람들을 살펴보면 그에 못지않게 괴로워하는 감정이 억울함인 경우가 많다. 내가 오해받고 있다는 느낌이 들 때 갖게 되는 억울한 감정은 우리를 몹시 괴롭게 만든다. 그래서 좋은 삶이란 오해받지 않는 삶, 억울함이 없는 삶이라고 말할 수도 있다.

그러나 여기서 한 걸음 더 나아가 오해받는 일이 나에게 그렇게 큰 고통이라면, 내가 누군가를 오해했을 때 그 사람 또한 나 못지않게 억울함을 느끼며 고통을 겪고 있다는 것을 간과해서는 안 된다. 따라서 좋은 삶이란 내가 오해받지 않는 삶에서 그치는 게 아니라 남을 오해하지도 않는 삶이다.

심리학에서는 사람들이 일상에서 자기 자신과 타인에 대해 오해할 가능성이 매우 크다고 이야기한다. 평균적으로 사람들은 다른 사람에 비해 자기 자신의 본질, 자신의 진짜 모습이 겉으로 많이 드러나지 않는다고 여긴다. 다시 말해 겉모습과 자신의 실제 모습이 많이 다르다고 생각하는 것이다. 그래서 누군가가 자신의 겉모습만을 보고 판단하는 것을 매우 두려워한다. 오해받고 있다고 생각하기 때문이다. 하지만 정작 자신은 타인의 겉모습만 보고 그것이 그 사람의 본모습이라고 쉽사리 확신해 버린다.

그래서 나의 성공은 능력이 좋거나 노력을 많이 한 결과라고 이야기하고, 타인의 성공은 운이 좋아서라고 이야기한다. 반대로 내가 실패하면 운이 안 좋아서라고 이야기하고, 타인이 실패하면 능력이 부족해서라고 이야기한다. 또 내가 실수를 하면 "본의 아니게 한 행동이니 미안하게 됐다"라고 이야기하고, 타인이 실수를 하면 앞뒤 따져보지도 않고 "쟤는 원래 저래"라고 단정지어 이야기한다.

더 나쁜 것은 내 성공이 능력과 노력의 결과였듯이 타인의 성공 또한 그렇다는 것을 알면서도, 또 나의 실수가 본의 아니게 일어난 것처럼 타인의 실수도 그 사람의 본의가 아니었다는 것을 알 수 있는 상황에서도 사람들은 때때로 타인의 성공과 실수를 의도적으로 오해한다는 점이다.

이런 의도적인 오해를 하는 대부분의 이유는 내 기분, 내 감정을 좋게 하기 위해서다. 그렇게 여김으로써 내 자존심과 자존감을 세우는 데 도움이 된다면 이를 타인에게도 똑같이 적용해야 한다. 나와 타인을 동일한 잣대로 평가하는 노력이 곧 좋은 삶을 향해 함께 나아가는 일일 테니 말이다.

비합리적인 선택을 계속한다

|

2002년에 심리학자 대니얼 카너먼Daniel Kahneman 교수가 노벨경제학상을 받았다. 정통 심리학자로서 최초의 일이었다. 그는 오늘날 우리가 알고 있는 행동경제학 분야를 연구한 학자다. 이어 2017년에 시카고대학교 경제학과의 리처드 탈러Richard H. Thaler 교수가 또다시 노벨 경제학상을 수상했다. 그는 심리학자는 아니지만 심리학과 경제학을 접목시키는 아주 중요한 일을 하고 있다.

두 사람은 나이 차이가 꽤 있음에도 불구하고 친구처럼 지낸다. 두 사람 모두 노벨 경제학상 수상자로 선정 되었을 때 그 소식을 서로에게 가장 먼저 전했다고 한다. 이 두 사람을 언급하는 이유는 행복의 고정관념에 대해 이야기하기 위해서다. 특히 사람들은 나쁜 일이 생겼을 때 그것을 긍정적으로 받아들이는 게 행복에 굉장히 중요하게 작용한다고 여기는 고정관념을 가지고 있다. 다시 말해 행복이란 우리의 마음을 관리하는 것인데 사실 행복에 있어서 더 중요한 것은 안 좋은 일이 생기지 않도록 사전에 좋은 선택을 하는 것이다.

좋은 선택을 하기 위해서는 먼저 생각의 실수를 범하지 않도록 노력하는 자세가 필요하다. 좋은 결과를 가져오는 선택을 하는 것은 안 좋은 일이 이미 일어난 뒤의 사후적 관리보다 더 중요할 수 있다.

대니얼 카너먼과 리처드 탈러 교수의 연구 사례 하나를 예로 들어보자. 사람들은 '콩나물 값은 깎아도 명품 값은 깎지 않는' 경우가 많다. 콩나물을 사면서 상인이 100원만 깎아준다고 해도 굉장히 좋아하지만, 200만 원짜리 물건을 사면서 판매원이 100원을 깎아준다고 하면 꽤나 모욕감을 느낄 것이다. 그러나 합리적으로 생각해보면 콩나물 값에서 100원을 아끼든 명품 값에서 100원을 아끼든 내 돈이 절약되기는 매한가지다. 그런데도 사람들은 그렇게 생각하지 않는다.

또 날씨가 추워져서 겨울 외투를 꺼냈는데 주머니에서 5만 원짜리 지폐 한 장이 나오면 우리는 이 돈을 공돈이라고 생각한다. 그러나 이 공돈의 운명은 오래가지 않는다. 힘들게 번 5만 원이나 겨울 외투에서 찾은 5만 원이나 같은 돈인데도 힘들게 번 돈은 아끼면서 '공돈'이라는 이름을 붙인 돈은 쉽게 써버리기 때문이다.

대니얼 카너먼과 리처드 탈러 교수는 연구 결과 많은 사람이 이렇게 비합리적인 선택을 하고 있다는 사실을 알아냈다. 따라서 좋은 삶이란 도덕적인 삶이라고 생각할 수도 있고 혹은 행복한 삶이라고 생각할 수도 있다. 그러나 좋은 삶은 애초부터 합리적인 선택을 하는 것일 수 있다.

하지만 우리는 그런 습관이 익숙하지 않아서 그런 이야기를 하는 사람 자체를 지나치게 이성적이거나 인문학적 소양이 부족한 사람으로 치부하는 경향이 있다. 그래서 좋은 삶에 대해 우리가 갖고 있는 생각을 조금은 수정할 필요가 있다.

노력해도 변화할 수 없다고 생각한다

우리나라 사람들은 열심히 일하는 것을 매우 중요하게 생각한다. 근래 들어 이렇게 열심히 일하는 것에 대한 부정적인 시각이 많아지긴 했지만 여전히 우리에게는 근면 성실하게 일하는 것을 중시하는 양가감정이 존재한다. 좋기도 하면서 부담스럽기도 한 것이다.

그런데 그렇게 열심히 일했음에도 불구하고 왜 우리의 행복감은 낮을까? 왜 계층의 사다리 높은 곳에 쉽게 올라갈 수 없다는 생각이 만연해 있을까?

그런 생각은 반대 방향의 신념들을 쉽게 받아들이는 경향성에서 비롯한다. 그중 하나는 금수저, 흙수저라는 말처럼 사람의 운명이란 나의 노력과 관계없이 타고난 계층에 의해 이미 결정된다는 계층 결정론이고, 다른 하나는 아무리 노력해도 타고난 재능이나 유전자가 좋지 않으면 아무 소용없다는 생물학적 결정론이다.

이 둘은 얼핏 다른 것처럼 보이지만 공통점이 있다. 노력해도 소용없다는 인식이 깔려 있다는 점이다. 노력을 지나치게 강조하는 사회이다 보니 그럴수록 노력해도 소용없다는 생각이 쉽게 확산되는 것은 아닐까.

실제로 우리 사회의 면면들을 살펴보면 계층 이동이 줄어든 것은 사실이다. 그러므로 그런 사실 자체를 문제 삼는 것은 아니다. 다만 계층 결정론이나 생물학적 결정론과 같은 생각들을 지나치게 믿는 자세, 그럼으로써 많은 연구 결과가 보여주는 개인의 노력의 중요성을 폄하하는 것은 매우 위험하다는 이야기다. 그런 인식의 확산이 우리 스스로 할 수 있는 노력조차 방해하는 위험 요소가 될 수 있기 때문이다.

요즘 초등학생들이 이런 농담을 한다고 한다. "나는 재벌 아들이 되고 싶은데 아빠가 노력을 안 해!", "나는 좋은 대학에 가고 싶은데 내 유전자가 그렇게 되어 있질 않아!" 앞의 말은 계층 결정론적 사고에서 비롯한 이야기고, 뒤의 말은 생물학적 결정론에서 비롯한 이야기다. 계층이나 유전자가 인간의 삶에 큰 영향을 미치는 것은 맞다. 그러나 그것들이 운명을 결정짓지는 못한다. 그럼에도 불구하고 그것들을 운명으로 받아들이려는 심리가 우리 안에 확산되어 있다는 게 문제다.

심리학에서는 본질로 인해 모든 게 결정된다는 심리적 본질주의psychological essentialism에 대해 오랫동안 연구해왔다. 심리적 본질주의의 개념은 여성과 남성 등 모든 사물의 정체성이 생물학적으로, 심리적으로 그리고 사회적으로 고정되어 있거나 결정되어 있다고 보는 시각을 말한다.

그러나 많은 연구에 따르면 이 심리적 본질주의의 위험성은 우리의 사고를 스위치적으로 이끈다는 데 있다. 스위치를 켜거나 끄는 것처럼 우리로 하여금 이분법적으로 사고하도록 유도한다는 것이다. 다시 말해 똑똑하게 만드는 유전자가 있으면 똑똑하고, 그렇지 않으면 똑똑하지 않다, 음악을 잘하게 하는 유전자가 있으면 음악적 재능이 뛰어나고, 그렇지 않으면 재능이 없다는 식의 사고를 하게 함으로써 복잡한 상호작용으로 얽혀 있는 인간의 속성을 왜곡한다는 것이다.

그러나 똑같은 유전자를 갖고 있더라도 그것이 발현될지 아닐지는 다양한 변수에 따라 달라지므로 그것을 결코 운명론적으로 이야기할 수는 없다. 그럼에도 불구하고 심리적 본질주의에서 비롯한 스위치적 사고를 하다 보니 부작용이 따를 수밖에 없다.

첫 번째 부작용은 집단 간의 차별을 정당화하는 것이다. 원래부터 그런 에센스를 가지고 있으니 그럴 수밖에 없다며 차별을 당연시하는 생각을 유도한다. 두 번째 부작용은 그럼으로써 생겨나는 사회적 불평등을 해결하려는 노력에 소극적인 태도를 보일 가능성이 크다는 것이다. 세 번째 부작용은 개인의 성장과 성취를 위한 노력을 폄하하는 것이다. 네 번째 부작용은 행복한 삶을 위한 노력 또한 등한시하는 결과를 낳는 것이다.

본질주의적 사고가 이렇게 큰 위험성을 갖고 있음에도 불구하고 그동안 우리 사회가 지나치게 노력만을 강조하다 보니 노력해도 이루어지지 않는 현실로 인해 이런 결정론적 사고들이 우리 안에 급속도로 확산된 것이다. 그러므로 노력을 통해 변화할 수 있다는 생각을 갖는 게 중요하다.

사실 좋은 삶은 이런 것이라고 한마디로 정의하기는 어렵다. 수천 년간 수많은 철학자들이 끊임없이 연구해온 주제이기도 한 '좋은 삶'에 대해 심리학적으로 답을 찾는 것은 꽤나 도전적인 일일 수 있다. 그럼에도 불구하고 우리가 기억해야 할 한 가지는 좋은 삶은 어떤 큰 생각이나 사건, 이벤트 등에 의해 결정되지 않는다는 점이다. 경사가 완만한 오르막길이라도 오르고 또 오르다 보면 어느새 정상에 다다르듯이, 별것 아닌 것처럼 느껴지는 작은 것들이 쌓이고 쌓여 우리를 좋은 삶으로 이끄는 것이다.

또한 좋은 인간, 우리가 되고 싶은 괜찮은 인간이란 자신의 사고와 그 과정을 끊임없이 점검하는 삶을 사는 사람이 아닐까 한다. 이런 행위 자체가 좋은 삶에 다가가는 또 하나의 방법일 테니 말이다.

우리가 이야기하는 나쁜 삶이란

엄청난 잘못을 저질러서가 아니라

우리 안에 있는 작은 습관이나 생각이

자신도 모르는 사이에 우리의 삶을

서서히 나쁜 쪽으로 이끄는 것이다.

반대로 생각해보면

우리가 이야기하는 좋은 삶도

엄청나게 훌륭한 일을 해서가 아니라

별것 아닌 일상의 작은 습관들이

자신도 모르는 사이에

좋은 삶으로 인도하는 것이다.

PRISM

02

아직도 공감을 믿는 당신에게
폴 블룸

Paul Bloom

예일대학교 심리학과 교수다. 매사추세츠 공과대학교에서 인지심리학 박사 학위를 취득했으며, 발달심리학과 언어심리학 분야의 세계적인 권위자로 2002년 발달심리학 분야의 최고 영예로 꼽히는 엘레노어 맥코비상을 받았다. 《뉴욕타임스》《네이처》《뉴요커》《디 애틀랜틱》《사이언스》《슬레이트》 등 유수 학술지와 다양한 언론 매체에 글을 기고하고 있다.

저서로는 『선악의 진화심리학』『우리는 왜 빠져드는가?』『데카르트의 아기』『*How Children Learn The Meanings of Words*』등이 있고, 『*Language Acquisition: Core Readings*』『*Language and Space*』『*Language, Logic and Concepts*』등의 편저가 있다.

나의 저서 가운데 2016년에 출판한 『공감에 반대하다_Against_ _Empathy_』라는 책이 있다. 이 책을 쓰기까지 3년의 시간이 걸렸다. 집필 기간 당시 간혹 파티에 참석하면 사람들이 "요즘 뭐 하세요?" 하고 묻곤 했다. 사실대로 새 책을 쓰고 있다고 말하면 상대방은 예의를 갖추려고 무슨 책을 쓰느냐며 관심을 보였다. 나는 '공감'에 관한 책을 쓰고 있다고 대답했다.

그런데 이 공감이라는 단어를 들으면 사람들은 한결같이 미소를 지었다. 하지만 "저는 공감에 반대해요"라고 말하면 이내 불편한 미소로 바뀌었다. 대다수의 사람에게 공감에 반대한다는 말은 미친 소리나 농담으로 들리는 모양이다. 세계 평화에 반대하거나 새끼 고양이를 싫어하는 것처럼, 어떻게 공감에 반대할 수 있느냐는 것이다.

하지만 나는 분명 공감에 반대하고, 여러분도 공감에 반대하도록 설득해보려고 한다. 우선 공감에 반대하는 논점을 간략하게 제시한 다음 그것을 반박하는 네 가지 논리를 따져볼 것이다.

나는 왜 공감에 반대하는가

본격적인 이야기에 앞서 난점이 하나 있다. 공감이라는 영어 단어 'empathy'가 여러 가지 다른 의미로 사용된다는 점이다. 한국어 '공감'에도 같은 문제가 있는 것으로 알고 있다. 그래서 먼저 내가 의미하는 바를 명확히 하려고 한다.

공감의 의미로는 먼저 관심, 동정, 친절, 사랑, 도덕성 등이 있다. 나도 여기에 반대하지는 않는다. 우리는 당연히 서로 사랑해야 하고, 서로 관심을 가져야 하고, 도덕적인 사람이 되어야 한다. 이런 뜻으로 말하는 공감에는 나도 충분히 동의한다.

공감의 또 다른 의미는 '타인의 생각과 느낌을 판단하는 능력'이다. 이는 '정서 지능'이나 '마음 이론' 혹은 '직관 심리'라고도 한다. 나는 이것 역시 반대하지 않는다. 좋은 사람이 되려면 다른 사람을 이해해야 하기 때문이다.

조카의 생일 선물을 사거나 이혼을 겪은 힘든 친구를 도우려면 그들이 어떤 생각을 하는지 알아야 할 테니 말이다. 누구든 세상을 더 나은 곳으로 만들려면 다른 사람의 마음을 어느 정도 이해해야 할 것이다.

하지만 나는 공감 능력으로 우리가 더 나은 사람이 된다고 생각하지는 않는다. 공감 역시 지능의 한 형태로써 다른 지능과 마찬가지로 선한 일에도 악한 일에도 사용될 수 있다. 좋은 사람이 타인의 마음을 이해하면 긍정적인 결과를 낳겠지만 바람둥이나 사기꾼, 불량배, 사디스트도 타인의 마음을 이해함으로써 이득을 볼 수 있기 때문이다. 그러므로 공감은 좋은 것도 나쁜 것도 아닌 도구일 뿐이며, 도구는 목적을 가리지 않고 사용될 수 있다.

내가 여기서 말하고자 하는 공감의 개념은 영국의 고전경제학 창시자이자 도덕철학자인 애덤 스미스가 수백 년 전에 처음 소개했다. 물론 그는 '동감'이라는 다른 단어를 사용했다. 하지만 현대 심리학자와 철학자들이 사용하는 '공감'과 애덤 스미스가 사용한 '동감'의 의미가 정확하게 일치한다.

애덤 스미스는 이렇게 정의했다.

우리는 서로에게 동감하고, 그 사람의 입장이 되어본다. 그와 어느 정도 같은 사람이 되고, 그때부터 그와 비슷한 감각을 형성하며, 비록 정도는 약해도 그와 다르지 않은 무언가를 느끼기도 한다.

유사한 뜻으로 '다른 사람의 신발을 신어본다Put yourself in other people's shoes'라는 영어 표현이 있다. 애덤 스미스는 이 주장에 대해 다음과 같은 예를 들었다.

누군가가 팔이나 다리를 가격당하기 직전의 상황을 목격하면 우리는 본능적으로 자기의 팔이나 다리를 움츠린다. 그리고 그 사람이 실제로 맞으면 우리도 맞은 것처럼 어느 정도의 고통을 느낀다.

공감으로 인해 다른 사람의 고통을 상상하며 반응을 보이는 것이다. 심리학과 신경과학 분야의 공감에 관한 연구 결과는 아주 많다. 신경과학에서만도 수십, 수백 개의 연구가 이루어졌고, 연구는 대부분 같은 방식으로 진행됐다. 바로 실험 참가자들의 뇌를 스캔하는 것이다.

참가자에게, 무언가에 찔리거나 약한 전기 충격을 당하거나 살짝 데는 등의 고통을 당하는 사람을 바라보게 한다. 그런 일을 목격하는 사람의 머릿속을 스캔해서 당하는 사람에게 공감하는지를 알아보는 것이다.

결과는 아주 놀라웠다. 피험자들에게서 자신이 찔리거나 감전되거나 화상을 입을 때와 똑같은 뇌의 영역이 활성화됐다. 다시 말해 타인의 고통을 그대로 느낀 것이다.

공감은 오랫동안 우리 삶의 정신적, 심리적, 도덕적인 부분에서 중요한 역할을 담당한다고 추측해왔다. 몇 가지 예를 들어보겠다.

미국의 심리학자 대니얼 뱃슨Daniel Batson은 세계적인 공감 연구자다. 그는 '감정이입 이타주의 가설'이라는 용어를 고안해냈다. 내가 당신에게 공감할수록 당신의 고통을 느끼고, 당신과 같은 기분을 느끼며, 당신을 도울 가능성이 크다는 개념이다.

이를 뒷받침하는 증거는 아주 많다. 그렇다면 공감은 도덕성의 강력한 동기라고 할 수 있다. 심리학자 마틴 호프만Martin Hoffman은 자신의 저서 『공감과 도덕 발달』에서 공감이 발달적인 측면에서 도덕성의 핵심이라고 주장한다. 성인의 도덕성은 굉장히 복잡하고 미묘하며, 언어적인 측면이 강하다. 하지만 아기나 어린아이들은 공감이 핵심 능력이라서 그들의 도덕적인 행동은 모두 공감에서 기인한다는 것이다.

저명한 동물행동학자이자 영장류학자인 프란스 드 발Frans de Waal은 여기서 한 걸음 더 나아간다. 그는 자신의 저서 『공감의 시대』에서 인간과 가장 가까운 종인 침팬지와 개코원숭이, 마카크원숭이도 어느 정도 공감을 한다고 주장했다. 또한 발달 과정뿐만 아니라 우리를 비롯한 여러 종의 진화 과정에서 공감이 도덕성의 핵심이라고 강조했다. 그에 따르면 우리는 이성의 시대가 아닌 공감의 시대에 사는 것이다.

그리고 마지막으로 자폐증 연구의 대가인 영국 케임브리지 대학교의 사이먼 배런 코언Simon Baron-Cohen은 자신의 저서 『악의 과학The Science of Evil』에서 "악이란 다름 아닌 공감 능력의 감퇴를 의미한다"는 파격적인 주장을 했다. 악한 사람을 보면 공감 능력이 낮다는 점을 발견할 수 있고, 공감 능력이 낮은 사람이 악하더라는 이야기다.

공감을 지지하는 사람들은 이것을 스포트라이트에 비유한다. 누군가에게 초점을 맞추는 것이다. 예를 들어 강연을 할 때 관중석에 앉아 있는 사람들이 온통 뿌옇게만 보인다면 개개인에게 신경을 쓸 수가 없다. 하지만 공감 능력이 있다면 한 사람

한 사람에게 빛이 집중되어 마음을 쓸 수 있는 것과 같다.

이와 관련한 오래된 명언이 있다. 독재자 스탈린은 이런 말을 남겼다. "한 명의 죽음은 비극이요, 백만 명의 죽음은 통계다." 반면 마더 테레사는 한 인터뷰에서 이런 말을 했다. "집단을 본다면 저는 행동하지 않을 겁니다. 하지만 개인을 보면 행동할 겁니다."

공감은 우리로 하여금 개인을 보게 한다. 이를 뒷받침하는 과학적 연구 결과도 아주 많다. 우선 펜실베이니아대학교의 심리학자 데보라 스몰Deborah Small과 카네기멜론대학교의 조지 로웬스타인George Loewenstein의 연구가 있다.

일단 한 피험자 집단을 상대로 재난에 관한 정보를 엄청나게 제공한다. 그리고 그 상황에서 피해자를 돕기 위해 얼마를 기부할지를 피험자들에게 묻는다. 이때 대답은 평균적으로 1달러가 조금 넘는다.

하지만 또 다른 피험자 집단에는 수치를 전혀 제공하지 않는다. 아무런 데이터도 주지 않고, 공감을 자극하려고도 하지 않는다. 대신 사진 한 장을 보여준다. 피해자의 사진과 함께 이름을 알려주어 친밀감을 느끼게 하는 것이다. 그러자 기부금의 액수가 크게 치솟았다. 실험을 통해 얻은 결과여서 의심하는 사람들도 있겠지만 이런 일은 현실 세계에서도 확인할 수 있다.

예를 들어 자선단체에서 기금을 모을 때 사람들에게 많은 정보를 제공하지 않는다. 대신 공감을 일으킬 만한 누군가의 사진이나 감정을 건드리는 사진을 보여준다.

그리스 해안에서 익사한 시리아 난민 아이의 사진을 기억하는가. 전 세계 매체를 통해 공개된 만큼 여러분도 한번쯤 본 기억이 있을 것이다. 이 사진이 공개되자 큰 파문이 일었다. 심리학자 폴 슬로빅Paul Slovic은 사진이 발표된 뒤 스웨덴 적십자로 들어온 기부금이 급증했다는 사실을 밝혀냈다. 이런 사례들은 공감에 찬성하는 견해를 대변한다. 바로 공감의 힘을 보여주는 것이다.

공감의 편파적이고 편향된 시선

|

하지만 공감에는 분명 한계가 있다. 공감이 도덕성을 유발한다고 확신하는 사람들도, 때로는 공감으로 설명되지 않는 상황에서 우리가 도덕적으로 옳고 그름을 느낀다는 사실을 인정할 것이다.

예를 들어 우리는 나쁜 결과가 집중적으로 나타나지 않아도 나쁜 일이라는 것을 인식한다. 이는 특정 개인이 피해를 보지 않는 상황을 말한다. 차창 밖으로 쓰레기를 버리는 게 잘못된 행동이라는 것을 모르는 사람은 없다. 시험에서 커닝을 하거나 과학자가 데이터를 조작하거나 기자가 신문에 거짓 기사를 쓰는 것 또한 잘못된 행동이라는 것을 잘 알고 있다. 이런 일들은 특정한 대상을 해치지 않는다고 해도 모두 잘못된 행동이다. 피해를 보는 사람, 즉 공감할 대상이 없다고 해도 우리는 도덕적인 잣대로 이런 행위들이 잘못되었다고 판단한다. 누구나 이런 짓을 일삼는다면 세상은 끔찍하게 변할 것이다. 이런 경우는 공감으로 설명되지 않는다.

그런가 하면 공감과 도덕성이 상충하는 경우도 있다. 공감 연구의 대가인 대니얼 뱃슨의 실험에서 가져온 예다. 공감의 장단점을 보여주는 아주 영리한 실험이다.

한 소녀가 있다. 이름은 셰리 서머스이고, 올해 나이 11세다. 이 아이는 불치병에 걸린 시한부 환자로 죽음을 앞두고 있다. 어떤 방법을 동원해도 완치가 불가능한 병이다. 생명을 구할 수는 없지만 고통을 경감시킬 수 있는 약이 있기는 하다. 치료를 받으면 고통이 사라진다.

그런데 이 약의 공급량이 부족해서 모든 환자에게 지급할 수 있을 만큼 충분하지가 않다. 이 치료를 받고자 하는 아이들의 대기 명단 가운데 셰리 서머스의 이름은 한참 아래쪽에 있다. 죽기 전에 치료를 받기가 힘든 상황이다.

이때 여러분에게 질문이 주어진다. "셰리 서머스의 이름을 대기 명단 위쪽으로 올리겠습니까?" 여러분이 병원 행정 관계자라서 마음만 먹으면 명단을 바꿀 수 있다고 가정해보자. 하지만 그렇게 하면 치료 예정이었던 다른 아이가 치료를 받을 수 없게 된다. 여러분이라면 어떻게 하겠는가?

이 물음에 피험자들의 대부분이 "아니오"라고 답했다. 정말 가엽고 안타까운 일이지만 공정하게 작성된 명단이라면 어쩔 수 없다는 게 이유였다.

이때 대니얼 뱃슨은 한 가지 조건을 추가했다. 다른 피험자 집단에 위와 똑같은 상황을 설명한 뒤 이렇게 덧붙였다. "여러분이 그 아이라고 상상해보세요. 셰리 서머스의 입장이 되어서 그 아이의 기분을 느껴보세요." 바로 피험자들을 공감으로 초대한 것이다. 그러자 결과가 뒤집혔다. 대다수의 피험자들이 셰리 서머스를 명단 위쪽으로 올리겠다고 답했다. 그로 인해 누군가가 뒤로 밀려나겠지만 그것은 내 알 바 아니라는 것이었다.

대니얼 뱃슨은 이 실험에서 사람들이 공감 때문에 잘못된 판단을 한다는 결과를 얻었다. 공정하게 작성된 명단이라면 그대로 두어야 마땅하며, 이것이 바로 공감의 단점이다. 이런 예는 수없이 많다. 공감은 우리로 하여금 스포트라이트를 비추게 한다. 바로 그 스포트라이트에 맹점이 있다. 초점이 좁아서 한 사람에게만 집중되는 것이다.

공감이라는 스포트라이트의 방향은 우리가 정한다. 그런데 그 방향이 종종 잘못된 곳을 비추기 때문에 공감은 편파적이기 쉽고, 수치가 중요한 상황에서도 계산을 하지 못하고 무시해버리기 일쑤다. 또한 현실에 국한되어 지금 이곳에만 집중하기 때문에 결과를 폭넓게 예상하지 못한다. 그리고 근시안적이라 생각이 짧다. 결국 앞서 말했듯이 좁은 곳에만 집중한다는 것이다.

지금부터 몇 가지 예를 들어보겠다. 내가 태어나고 자란 미국에서 있었던 일로, 미국인들의 관심이 특히 많이 쏠렸던 사건들이다. 비록 미국이라는 제한된 지역에서 일어난 일이지만 여러분도 이와 유사한 경험을 떠올릴 수 있을 것이다.

첫 번째 예는 어린아이가 우물에 갇힌 일이다. 도무지 그 이유를 알 수는 없지만 아이가 우물에 갇혔다가 구조되는 일이 10년에 한 번꼴로 일어난다. 이런 일이 벌어질 때마다 미국인들은 뜨거운 관심을 보인다. 그리고 미국에서는 범죄 피해자가 10대일 때, 특히 예쁜 백인 여자아이일 때 온 국민의 관심이 집중된다. 방학 때 카리브 해 아루바 섬에 놀러갔다가 납치 살해된 나탈리 할로웨이가 그런 경우다.

미국인들이 가장 흥분하는 것은 총기 난사 사건이다. 미국에서는 총기 난사 사건이 빈번하게 발생한다. 2012년에 코네티컷의 뉴타운에서 발생한 사건도 그중 하나다. 바로 우리 동네 근처에서 일어난 일이었다. 범인은 초등학교로 쳐들어가 학생 20명과 선생님 6명을 살해했다. 이런 유형의 사건들이 왜 다른 사건보다 더 주목받는지 생각해볼 필요가 있다.

심리학자 폴 슬로빅은, 나탈리 할로웨이 실종 사건이 발생했을 당시 아프리카에서는 기아와 전쟁으로 수만 명의 아이가 사망했다고 지적했다. 그런데도 미국의 네트워크 뉴스들은 나탈리 할로웨이라는 한 개인의 실종 사건을 수만 명의 아이가 사망한 아프리카의 소식보다 13배나 더 많이 보도했다.

총기 난사 사건의 경우도 이와 다르지 않다. 물론 끔찍하고 중대한 사건이기는 하지만 총기 난사로 인한 피해자는 미국 전체 살인 사건 피해자의 0.1퍼센트에 불과하다. 이는 아주 낮은 비율이다. 전체 범죄 수치에서 손가락을 탁 튕겨 그 부분만 사라지게 해도 아무도 알아채지 못할 만큼의 숫자다.

피해 정도를 따졌을 때 절대적으로 중요해서가 아니라면 우리가 그 사건들에 집중하고, 그것을 중대하게 여기는 이유는 대체 무엇일까? 내 생각에 감정이 개입되는 순간 숫자는 무의미해지기 때문이다.

오래전에 시행된 한 실험을 예로 들어보자. 노벨 경제학상을 받은 심리학자 대니얼 카너먼이 진행한 연구다. 간혹 기름 유출 사고로 새떼가 기름을 뒤집어쓰는 경우가 있다. 이때 기름을 씻어주지 않으면 새는 죽음에 이른다. 그래서 첫 번째 피험자 집단에게, 2000마리의 새를 구하는 데 얼마를 기부하겠느냐고 물었다. 피험자들은 다른 사람이 아무도 없는 곳에서 기부 금액을 말했고, 이 실험에서 얻은 기부 금액의 평균은 80달러였다.

이번에는 또 다른 피험자 집단에게, 2만 마리의 새를 구하는 데 얼마를 기부하겠느냐고 물었다. 그러자 평균 78달러가 나왔다. 마지막으로 세 번째 피험자 집단에게는, 20만 마리의 새를 구하는 데 얼마를 기부하겠느냐고 물었다. 그러자 이번에는 평균 88달러가 나왔다. 결국 사람들은 숫자에 전혀 집중하지 않는다는 게 이 실험의 결론이었다.

머나먼 어떤 나라에서 1000명이 사망했다는 비극적인 뉴스를 전해 들었다면 사람들은 "어머, 끔찍하네요"라고 하며 속상해할 것이다. 그런데 그 뉴스를 전한 사람이 실수를 했다면서 사망자가 1000명이 아니라 1만 명이라고 수정해서 말한다면 사람들은 10배로 더 속상해할까? 역시 그때도 "아, 그것도 끔찍하네요"라고 할 것이다.

감정에 관한 한 수치는 중요하지 않다. 그래서 문제가 되는 것이다. 실제로 수치는 아주 중요하기 때문이다. 20만 마리는 2000마리보다 훨씬 많으며, 1만 명의 목숨은 1000명의 목숨보다 훨씬 크다. 잘 생각해보면 매우 중요한 일인데 우리의 감정은 그렇게 느끼지 못한다.

뿐만 아니라 공감은 편파적이기도 하다. 감정이 개입되면 인종과 민족이 중요한 판단의 잣대가 된다. 사람들은 본능적으로 외부 집단의 고통보다 자신이 속한 집단의 고통에 주의를 기울이기 마련이고, 인종에 따른 이런 편견은 어느 분야에서나 발견된다.

미국의 사회심리학자 제니퍼 에버하르트Jennifer L. Eberhardt가 실시한 유명한 연구가 있다. 범죄 유형과 피해자의 배경, 피고인의 범죄 전력 등 모든 요소가 동일할 때 피부색이 검은 인종일수록 사형이 선고될 확률이 훨씬 높았다. 이처럼 우리의 결정은 인종이라는 요인에 의해 크게 편향되어 나타난다.

　이런 연구 결과는 신경과학 분야에도 아주 많다. 앞서 언급했듯이 우리는 누군가 무엇에 찔리는 장면을 보면 우리가 찔렸을 때와 동일한 뇌의 영역이 활성화된다. 하지만 상황에 따라 결과는 달라진다. 예를 들어 무언가에 찔리는 사람의 손이 당신과 같은 색인지 아닌지 혹은 당신과 성별이 같은지 다른지에 따라서다. 이 실험의 결과는 아주 복잡하고 들쭉날쭉하다. 하지만 대부분의 사람은 자신과 비슷하게 생긴 사람에게 가장 큰 공감을 보인다.

　유럽에서 축구 팬들을 상대로 실시한 실험이 있다. 피험자들에게 다른 사람이 전기 충격을 받는 모습을 지켜보게 하면서 그들의 뇌를 스캔했다. 단 피험자 중 절반에게는 감전되는 사람이 그들과 같은 축구팀의 팬이라고 말해주었다. 이 집단의 사람들은 고통 받는 사람과 같은 뇌의 영역이 활성화되었고, 몸도 같이 움찔거렸다.

　그리고 다른 절반의 피험자에게는 지금 전기 충격을 받는 사람이 경쟁 팀의 팬이라고 말해주었다. 그러자 그들은 아무런 공감도 하지 않았다. 도리어 쾌락을 주관하는 뇌의 영역에 불이 들어왔다.

수치를 무시하고 편파적이라는 문제점이 공감만의 특성은 아니다. 이는 심리나 감정과 관련한 일에 일반적으로 나타나는 현상이다. 하지만 공감은 이런 문제에 특히 더 취약하다. 스포 트라이트 같은 본질적인 이유 때문이다. 공감은 이 사람 아니면 저 사람에게만 집중된다. 그래서 누구에게 집중할지 선택할 수 밖에 없다.

미국 작가 애니 딜라드Annie Dillard는 다소 풍자적인 예시로 이런 현상을 설명한다. 오래전에 발표한 글이다. "현재 중국에 는 약 12억 명이 살고 있습니다. 이게 무슨 말인지 느끼려면 당 신 자신의 개성과 중요성, 복잡함, 사랑을 인식하면서 거기에 12억을 곱하세요. 어때요? 쉽죠?"

그러나 우리의 마음은 그렇게 작동하지 않는다. 우리는 공감 할 때 누군가를 정해서 그 사람에게 집중한다. 공감의 대상을 선택할 때 우리는 편파적이며 수치를 무시한다. 옳고 그름을 판 단하는 도덕적 추론의 경우에는 이성적으로 의사를 결정하는 게 최선이다.

공감을 비롯한 모든 감정은 우리를 잘못된 길로 인도할 수 있 다. 외집단을 배척하고 내집단에만 집중하기 때문이다. 우리의 감정은 나 자신이 중요하고, 내 친구가 중요하고, 내 가족이 중요하지 그 외에는 필요 없다고 소리친다. 그런 생각에서 물러나려면 이성이 개입해야 한다.

하지만 우리의 인생에서 도덕이 전부는 아니다. 친밀한 관계도 중요하고, 쾌락도 중요하다. 나는 삶을 만끽하려면 모든 감정이 필요하다고 생각한다. 공감은 물론이고 감사와 사랑, 경외심 등을 느낄 수 있어야 하며, 거기에는 다소 부정적인 감정도 포함된다. 분노나 죄책감, 수치심을 느껴보지 못했다면 그것은 온전한 삶이 아니라고 생각한다. 다만 이런 감정이 어느 정도의 선을 넘지 않게 해야 한다는 게 중요하다.

공감이 일으키는 폭력 충동

지금까지 공감의 단점에 대해 살펴보았다. 이제는 그 반대 의견을 따져보도록 하겠다.

먼저 이런 반박이 있을 수 있다. '공감은 완벽하지 않을 수 있지만 그것은 항상 선을 위한 동력이다.' 다시 말해 공감은 편파적이라서 나의 경우를 예로 들면 유색인종보다 백인에게, 여자보다 남자에게, 한국인보다 미국인에게 집중하는데 그럼에도 불구하고 공감 덕분에 남을 돕고 선한 일을 한다는 의미다.

하지만 항상 그렇지는 않다. 예를 들어 어떤 백신이 있다고 가정해보자. 사람의 생명을 구할 수 있는 백신이다. 이 백신으로 1년에 50명의 아이를 살릴 수 있다. 하지만 이 백신을 맞은 한 여자아이가 죽었다고 가정해보자. 이 백신은 즉시 사용이 중단될 것이다. 사람들이 당장 접종을 멈추라며 들고 일어설 테니 말이다. 결과적으로는 백신을 맞고 죽는 사람보다 살아나는 사람이 훨씬 더 많고, 백신 사용을 중단하면 당장 사람이 죽을 수 있는데도 말이다. 하지만 앞으로 사람이 죽을 수 있다는 것은 추상적이고 통계적인 정보일 뿐, 공감은 당장에 드러난 사실만으로 우리에게 경고한다.

이제 현실 세계로 돌아와 개발도상국을 상대로 한 원조를 살펴보자. 여러 정부와 개별 단체들은 매년 10억 달러 규모로 아프리카 국가들을 지원한다. 그러나 이런 원조가 과연 도움이 되느냐에 대해 논란이 있다. 어떤 면에서는 상황을 더욱 악화시킬 뿐이라는 주장도 있다. 예를 들어 굶주리는 사람들에게 식량을 무상으로 제공하는 것은 나무랄 데 없이 좋은 일이지만 그런 원조 때문에 식료품을 파는 사업체들을 몰아내는 역효과가 생긴다는 것이다.

린다 폴먼Linda Pohlman이라는 한 저널리스트가 아프리카 반군 지도자들을 만나 지금껏 누구도 하지 않은 질문을 했다. 왜 어린아이들의 팔다리를 자르는지, 그런 잔혹한 짓을 왜 하는지 물어본 것이다. 그들의 답변은 놀라웠다. 바로 린다 폴먼 같은 사람들을 위해서라는 것이었다. "우리가 잔혹한 짓을 하지 않으면 당신네 나라 사람들이 오지 않는다. 그런데 당신들이 오면 돈도 주고, 자원과 음식도 주니까 계속 오게 하려는 것이다."

몇몇 국가의 보육원에서도 비슷한 일이 벌어진다. 아이를 제공하는 입양 시장이 돈벌이가 되다 보니 고아를 찾지 못하면 부모가 있는 아이라도 납치하는 것이다. 구걸하는 아이들을 예로 들어보자.

인도나 아프리카 일부 지역에서는 아이들이 음식 구걸을 다닌다. 부유하고 풍족하고 배부른 사람의 입장에서는 그런 아이들을 보면 차마 돈을 안 주고 지나칠 수 없을 것이다. 하지만 이 아이들에게 돈을 주면 안 된다고 주장하는 사람들이 많다. 성인 범죄 조직에 예속된 아이들이라 결국 돈이 조직에게 넘어간다는 게 이유다. 아이들에게 돈을 줌으로써 범죄 조직을 돕는 일이 되기 때문이다.

그렇다고 해서 마냥 손 놓고 있으라는 말은 아니다. 옥스팜

OXFAM▲ 같은 기관에 돈을 기부하면 얼마든지 세상을 더 나은 곳으로 만들 수 있다. 그렇지 않고 아이들에게 직접 돈을 주는 것은 세상을 암흑화하는 데 일조하는 셈이다.

오래전에 도덕성에 관한 책을 출판한 뒤 영국에서 라디오 인터뷰를 한 적이 있다. 자선에 관한 이야기가 나와 방금과 같은 문제를 제기했다. 그때 나 이외에도 한 장관이 함께했었는데, 나의 이 말에 장관은 경악했다. 그리고 이렇게 항의했다. "그렇게 끔찍한 말은 생전 처음 들어봐요. 저는 고통받는 아이들을 보면 도와주려고 손을 뻗어요. 서로의 손이 닿는 순간 아주 친밀한 교감이 이뤄지죠. 옥스팜에 기부하는 건 너무 냉정하고 계산적이에요."

순간 나는 말문이 막혔다. 원래 좀 느린 편이고, 의견 충돌을 꺼리기도 해서 "뭐, 그럴 수도 있겠네요"라고 얼버무린 기억이 있다. 하지만 몇 년이 지난 지금은 그에 받아칠 말을 찾아냈다. 나의 대답은 '무엇을 원하느냐에 따라 다르다'이다. 자신이 괜찮은 사람이라는 느낌을 받고 싶고, 행복감에 젖고 싶다면 눈앞에 보이는 아이에게 돈을 주면 된다.

▲ 1942년 영국에서 만들어진 세계적 빈민 구호 단체다.

미국 프리스턴대학교의 생명윤리학과 교수이자 철학자인 피터 싱어Peter Albert David Singer는 이런 말을 했다. "즐거움을 극대화하려면 많은 돈을 기부하되, 아주 여러 군데에 조금씩 나누어 주어야 한다." 엄청나게 큰 뷔페에서 모든 음식을 조금씩 가져다 맛보는 것처럼 말이다. 그러면 큰 기쁨을 누릴 수 있다.

그러나 실질적으로 사람들을 돕고, 세상을 더 나은 곳으로 만들려면 다른 행동이 따라야 한다. 공감은 앞서 언급했던 것처럼 해가 될 수 있지만 그보다 훨씬 더 끔찍한 결과를 가져올 수도 있다. 제2차 세계대전 당시 행해진 홀로코스트(유대인 대학살)나 1920~1930년대 미국 남부에서 가해진 흑인 교수형 같은 잔인한 폭력 말이다.

사회과학자나 정치학자들은 잔혹 행위의 원인을 여러 곳에서 찾는다. 비인간화나 잔인성, 시기, 내집단과 외집단이라는 경계 등이 모두 원인이 될 수 있다. 나는 공감도 그 원인 가운데 하나라고 생각한다. 물론 자기 손에 죽는 사람에게 공감한다는 말이 아니다. 그들의 피해자로 설정된 사람들에게 공감하는 것이다.

어떤 집단을 공격하자는 움직임이 일어날 때는 그 집단이 다른 개인들에게 행한 잔인한 일이 소문의 형태로 퍼지면서 도화선이 되는 경우가 많다. 남부의 흑인들이 백인 여성을 강간한다는 이야기도 돌았고, 유대인 소아성애자들이 독일 아이들을 추행한다는 말도 퍼졌었다. 애덤 스미스는 우리의 역사가 증명하듯이 피해당한 이야기를 들으면 사람들은 피해자에게 공감하고, 그들을 해친 사람들에게 보복하고 싶은 열망을 가지게 된다는 것을 간파했다.

몇 년 전 '이제 아이들에게 독가스 공격까지 감행. 화학 무기로 1300명 사망'이라는 신무기에 관한 기사들이 미국의 시리아 폭격을 유발했다. 최근에는 도널드 트럼프 대통령이, 영상을 보고 자극받아 시리아 공습을 명령했다고 밝혔다. 전쟁 참여를 독려하는 이런 영상은 앞으로 점점 더 늘어날 것이다. 그렇다면 미국과 한국을 비롯한 전 세계의 여러 나라가 IS를 상대로 전면전을 펼쳐야 할까?

나도 전쟁이 필요할 때가 분명히 있다고 생각한다. 하지만 공감은 적을 벌주고 파괴하고 싶은 마음이 생기도록 우리를 몰아치고, 선동가들은 이를 이용해 사람들로 하여금 전쟁에 뛰어들게 한다. 이와 관련해 나와 우리 학교 대학원생이 공동으로 연구한 실험이 있다.

우리는 피험자들에게 잔혹 행위에 관한 이야기를 들려주었다. 어떤 기자가 먼 나라에서 납치되어 고문당하다가 죽은 이야기였다. 피해자에게 공감할 수 있도록 자세한 설명을 덧붙였다. 그런 뒤 미국이 어떻게 대응해야 할지 물었다. 선택지의 항목은 점점 강도가 세지는 순서였다.

0. 아무것도 안 한다.
1. 비판한다.
2. 해외 원조를 줄인다.
3. 해외 원조를 중단한다.
4. 군사 위협을 가한다.
5. 공중 습격을 한다.
6. 침공한다.

그리고 피험자의 공감 능력도 측정했다. 공감 능력은 사람마다 다르기 때문에 등급을 매겼다. 그렇게 해서 얻은 결과는, 예상대로 공감 능력이 높은 피험자들일수록 더 심한 보복을 원했다. 누군가 공감은 늘 우리로 하여금 세상을 돕고 친절을 베풀게 한다고 주장한다면, 이 데이터를 보여주면서 공감은 사람에게 폭력 충동을 일으키게 한다고 말해주기를 권한다.

공감이 외교 정책을 펼치는 데 문제가 된다는 주장에는 동의

하지만 여전히 어떤 소중한 관계에서는 공감이 필수적이라고 생각하는 사람이 있을 것이다. 의사와 환자의 관계 같은 경우가 그렇다. 의사가 환자에게 공감하는 게 당연하지 않느냐고 말할 수 있지만 그 공감이 어떤 종류냐에 따라 달라진다. 환자에게 관심을 가져야 한다는 뜻이라면 맞는 말이다. 환자를 이해해야 한다거나 환자를 존중해야 한다는 뜻이라면 당연하다. 그렇지만 의사가 환자의 고통을 함께 느껴야 한다거나 환자가 겪는 일을 의사도 고스란히 겪어야 한다는 뜻이라면 문제는 복잡해진다.

레슬리 제이미슨Leslie Jamison의 『공감도 시험 The Empathy Exams』이라는 책에는 그녀가 '모의 환자'로 활동한 이야기가 담겨 있다. 모의 환자란 의대생들의 실습을 위해 아픈 것처럼 위장해 진료 받는 환자를 말한다. 그녀는 의대생들이 자신을 얼마나 잘 진료하는지 평가하고 피드백을 해주었다. 그중에는 공감도 테스트도 있었는데, 환자에게 얼마나 잘 공감하는지 점수를 매기는 것이다.

그녀는 평소 공감의 열렬한 지지자였는데 어느 날 그만 진짜로 병에 걸리고 만다. 그리고 병을 치료하려고 여러 의사를 만나면서 공감에 대한 생각이 변하기 시작했다. 무뚝뚝하고 답도 잘 안 해주는 의사는 물론 최악이다. 그렇다고 가장 좋았던 의사가 공감을 잘해주는 사람은 아니었다. 그녀는 그 의사를 이렇게 묘사했다.

> 나는 단 하루라도 그가 나의 어머니가 되어주길 원하지 않았다. 단지 자기가 하는 일을 제대로 알고 있기를 바랐다. 침착한 그를 보면서 나는 방치되었다고 느끼기보다 오히려 안심이 됐다. 나는 그에게서 내 두려움의 메아리가 아닌 그 반대의 것을 보고 싶었다.

나는 이 말을 충분히 이해할 수 있다. 정신과 의사나 심리치료사, 심리학자의 진료실을 생각해보자. 우울증이나 불안 장애 같은 정신 질환으로 치료사를 찾아갔다면 그가 여러분을 이해하고 신경 써야 하는 것은 당연하다. 그게 중요하다는 것은 누구도 부인하지 않는다. 하지만 그 의사가 여러분의 감정을 똑같이 느껴야 한다고 생각한다면 그것은 심리 치료를 크게 오해한 것이다. 만약 실제로 그렇다면 그는 아주 무능한 치료사다.

내가 심리치료사를 찾아가 너무 우울하고 슬프다고 털어놨다고 해보자. 나는 치료사가 내 말을 듣고 울기를 바라지 않는다. 나를 똑바로 관찰하며 무엇이 잘못되었는지 파악하고, 정신적인 흔들림 없이 나를 도와주기를 바랄 것이다. 만약 나의 이야기에 치료사도 심란해진다면 나는 문제가 두 배로 늘어나는 셈이다.

아이를 키울 때도 마찬가지다. 하루는 아들이 나에게 오더니 속상한 표정으로 숙제를 안 해서 너무 걱정이라고 말했다. 나는 괜찮으니 지금부터 하라고 말해주었다. 그러자 아들은 지난 한 달 내내 했어야 하는 숙제라고 고백했다. 만일 내가 그 순간에 아이와 함께 불안해하며 "맙소사! 이를 어쩌면 좋아!"라고 한다면 그것은 좋은 부모의 태도가 아니다. 좋은 부모라면 "난 너를 사랑하고 언제나 네 편이야. 이 사태를 어떻게든 해결해보자"라고 해야 할 것이다.

친밀한 관계라도 어떤 감정에는 공감하는 게 좋지만 어떤 감정에는 공감하지 않는 게 좋다. 나의 아내가 불안해하는 나와 대화를 나누고 격려해주는 상황이라면, 나는 아내까지 불안해지는 것을 원치 않는다. 내가 우울할 때, 아내까지 우울해지는 것도 원치 않는다. 그보다는 나와 정반대의 상태로 나를 상대해주기를 바란다. 내가 불안할 때는 아내가 침착했으면 좋겠고, 내가 우울할 때는 아내가 명랑했으면 좋겠다. 일반적인 관계에서도 다른 사람의 감정에 휩쓸리지 않아야 자신의 역할을 다할 수 있다. 슬픔이나 불안처럼 부정적인 감정일 경우에는 더욱 그렇다.

둘째로 아무리 공감에 반대한다 해도 '공감이 부족한 사람은 최악이다'라는 주장에 대해 이야기해보자. 영화 〈양들의 침묵〉에 나오는 사이코패스 살인마처럼 말이다. 아니면 일반적인 사이코패스를 생각해볼 수도 있다. 사이코패스로 분류되는 사람들의 증상을 살펴보면 대표적으로 병적인 거짓말, 후회나 죄책감 결여, 자기 행동 통제력 저하, 유년기 행동 장애 그리고 공감 능력 결여 등이 있다.

사이코패스는 공감 능력이 없다는 말은 사실이다. 하지만 자폐증이나 아스퍼거 증후군 환자도 공감 능력이 떨어지는 정도는 사이코패스와 비슷하다. 그렇다고 해서 그들 모두가 잔인한 것은 아니다. 따라서 공감을 못하면 반드시 나쁜 사람이라고 결론지을 수는 없다.

또 어떤 유형의 사이코패스가 계속해서 범죄를 저지르는지 알아본 연구 결과가 있다. 그 연구에 따르면 공감 능력으로는 결과를 예측할 수 없었다. 사이코패스가 또다시 범죄를 저지를 것인지를 결정하는 요인은 공감 능력이 아니라 자기통제력 결핍과 충동성, 폭력 전과였다. 그리고 최근에 출소한 사이코패스가 폭력 범죄를 저지를 것인지를 예측하는 가장 중요한 요인은 처음 저지른 범죄의 폭력성 여부였다. 사이코패스가 어떻게 행동하든 그게 무슨 상관이냐고 할 수 있지만 우리 같은 보통사람들도 크게 다르지 않다.

그릇된 편견에 대한 공감의 폐해

|

셋째로 '공감 능력이 없다면 선행을 할 의욕이 안 생긴다'는 주장도 있다. 공감을 못하는데 어떻게 세상을 더 나은 곳으로 만들 생각을 하겠느냐는 것이다. 그러나 내 생각에 그것은 상상력이 부족해서다. 여러분이 한 착한 일들을 생각해보라. 친구를 돕고, 기부를 하고, 멀리 봉사 활동을 다녀오고, 슬픔에 빠진 사람에게 따뜻한 위로도 해주었을 것이다. 그런 일련의 행위들이 다른 사람의 심정을 헤아리고 그들에게 공감해서 한 일일 수 있지만 꼭 그럴 필요는 없다. 기아로 죽어가는 아이들을 도우려고 기부금을 낼 때 반드시 배고픈 감정을 느껴야만 하는 것은 아니지 않은가.

어떻게 하면 좋은 사람이 될지 고민할 때 감정과 이성의 역할

에는 차이가 있다. 우리의 영웅 애덤 스미스에게로 다시 돌아가
보자.

애덤 스미스가 제시한 유명한 예화가 있다. 우리 실정에 맞고
의미가 명확해지도록 살짝 수정해서 이야기해보겠다.

머나먼 어느 나라에서 수천 명이 죽었다는 소식을 들으면 여
러분은 어떤 기분이 드는가? 대부분의 사람이 안타깝고 끔찍하
다고 할 것이다. 여러분은 이어서 이런 질문을 받는다. '내일 당
신의 새끼손가락이 잘릴 예정이라면 어떤 기분이 드는가?' 거
의 모든 사람이 비참할 정도로 속상해서 오늘밤 잠을 이루지 못
할 것이라는 게 애덤 스미스의 말이다.

스스로에게 한번 물어보라. 내 손가락이 잘리는 것과 수천 명
이 죽는 것 중 어떤 게 더 속상한가? 답은 명확하다. 내 손가락
을 잃는 쪽이 훨씬 속상하다.

그렇다면 이번에는 이렇게 물어보라. 내 손가락이 잘리느니
1000명의 목숨을 희생시키겠는가? 쉽게 답하기 어려운 질문이
다. 누구나 적어도 이성적으로는 자신의 새끼손가락보다 수천
명의 목숨이 중요하다는 사실을 인지한다. 애덤 스미스는 이런
인식이 감정의 발로는 아니라고 말한다. 그는 이에 대해 다음과
같이 설명한다.

그것은 인류애에서 비롯된 부드러운 힘이 아니며, 대자연이 인간의 마음에 일으킨 자비심의 작은 불꽃도 아니다. 우리는 다른 누구보다 나을 바가 없는 군중에 속한 한 명일 뿐이라며 우리의 가장 건방진 열정을 깨우치는 이성, 원칙, 양심의 목소리다.

철학에서는 이 개념을 '공평성impartiality'이라고 한다. 예를 들어 나는 내 아이를 정말 사랑하지만 여러분은 내 아이를 알지도 못할뿐더러 사랑하지도 않는다. 그렇더라도 내 아이의 생명 못지않게 여러분의 생명도 소중하다는 것을 안다. 한발 물러나서 보면 공평한 태도로 진정한 도덕성을 발휘할 수 있다. 이런 개념은 여러 종교와 철학의 기본 사상이기도 하다.

감정에는 여러 가지 다른 원천이 있다. 나는 불교 문헌에서 도덕성에 대해 읽고 크게 감동했다. 불교에서 말하는 도덕성은 매우 복잡하고도 흥미롭다. 하지만 내가 주목하는 것은 일부 문헌에서 말하는 '자비심'과 '감상적 동정심'을 구분하는 대목이다.

감상적 동정심이란 내가 지금까지 공감이라고 불러온 것, 즉 다른 사람의 고통을 느끼는 것이다. 반면 자비심이란 사랑이다. 다른 사람이 행복하고 충만하길 바라지만 그 사람의 감정을 똑같이 느끼지는 않는다.

불교학자들은 감상적 동정심을 자제하라고 말한다. 그들의 논지는 나와는 조금 다르다. 감상은 소모적이어서 고통받는 사람들을 도와주며 고통을 함께 느끼다가는 일주일도 못 버티기 때문이란다. 그 대신 따뜻한 마음으로 사랑을 베푸는 행위는 그들도 행복하고 나도 고통스럽지 않아서 얼마든지 지속할 수 있다.

동정과 공감이 상호 독립적이라는 것을 증명하는 연구 결과가 있다. 내가 학술 강연이나 하는 아주 따분한 사람이라고 가정해보자. 그런 나를 보면서 상대방도 같이 따분해진다면 그것이 바로 공감이다. 하지만 나를 보면서 딱하다고 생각하고, 재미있는 농담이나 신선한 문자를 보내준다면 그것은 동정이며 배려다.

마지막으로 '동정과 공감의 감정은 늘 함께하는 것이다'라고 주장하는 사람들도 있다. 그러나 신경과학계에서 발표한 수많은 연구를 보면 공감과 동정이 각기 뇌의 다른 부분을 활성화시킨다는 증거는 아주 많다. 뇌의 다른 부분에서 관여할 뿐만 아니라 서로 다르게 작용한다.

공감은 종종 우리를 뒤로 물러서게 할 때가 있다. 내가 너무 고통스러워하는 누군가를 보았다고 가정해보자. 신체적 고통이든 정신적 고통이든 상관없다. 그리고 나도 그 사람의 고통을 느낀다. 이때 나타나는 반응 중 하나는 '이렇게는 안 되겠어. 나는 아프기 싫어'라고 하는 것이다. 하지만 아픈 사람을 보면서 사랑과 배려를 느낀다면 그에게 다가가 도와주려고 할 것이다. 이 둘은 엄연히 다르다. 음식을 먹을 때 냄새와 맛이 분리되지 않고 함께 느껴지는 것처럼 공감과 동정도 붙어 다닐 때가 있다. 그렇더라도 우리가 냄새와 맛을 각각 인식할 수 있는 것처럼 공감과 동정 역시 얼마든지 분리할 수 있다. 그리고 그럴 필요가 분명히 있다고 생각한다.

일상의 예를 들어보자. 기아로 고통 받는 사람들을 도와달라는 요청을 받으면 나는 선뜻 이렇게 말한다. "돈을 기부할게요. 좋은 일이잖아요. 수표를 써드릴 테니 그 사람들을 도와주세요." 그런데 이런 행동을 하려면 아주 잠깐이라도 굶어 죽는 사람들의 고통을 상상해야만 가능할까? 나는 그렇게 생각하지 않는다. 또 한 번도 굶주려본 적이 없는 사람이라면 허기진 고통에 공감하기도 힘들다. 대개 사람들은 그냥 좋은 일이니까 도와주려고 마음을 먹는다.

좋은 사람이 되고자 하는 동기는 아주 많다. 종교적인 동기나 철학적인 동기도 있고, 동정심이 생겨서일 수도 있다. 자신의 이미지가 걱정되어서일 수도 있고, 좋은 사람이라고 자랑하고 싶어서일 수도 있다. 거기에는 죄책감이나 수치심, 감사 등 수많은 동기가 작용한다. 공감은 그중 하나일 뿐 다른 것들보다 중요하지 않다. 말하자면 공감은 과대평가되어 있다.

이를 뒷받침하는 연구 결과가 있다. 신경과학자인 타니아 싱어Tania Singer와 생물학자이자 승려인 마티유 리카르Matthieu Ricard는 피험자의 뇌를 스캔하면서 어떤 집단은 상대방에게 공감하게 하고, 다른 집단은 동정심을 느끼게 했다.

그 결과 동정심은 우리를 타인과 연결시키고, 사랑과 같은 긍정적인 감정으로 이어지며, 건강과 친절 등의 결과를 불러왔다. 하지만 공감은 감정 이입으로 인한 고통을 초래했다. 공감은 자기 자신하고만 연결되고, 스트레스와 같은 부정적인 감정으로 이어지며, 건강을 잃고 반사회적인 행동을 하게 하는 결과를 불러왔다.

공감을 구별하고 선택하는 능력

|

지금까지 공감에 반대하는 나의 논리에 대해 이야기했다. 하지만 내가 공감을 반대하는 부분은 도덕적 행동과 판단에 국한

되어서다.

공감에는 다른 장점이 아주 많다. 내가 내 아이와 함께하며 즐거움을 느끼는 것은, 아이가 행복해하는 모습을 보는 게 좋아서이기도 하지만 아이의 입장이 되어 그 아이의 기분을 느꼈기 때문이다. 이렇듯 공감은 즐거움의 원천이다.

다른 사람의 즐거움을 같이 느낄 수 있는 경험은 아주 많다. 책을 읽고 영화를 보거나 TV 프로그램을 시청하는 일은 인간 삶의 큰 즐거움이다. 이것들을 통해 다른 사람의 입장이 되어보는 것은 매우 신나는 경험이다. 누군가 나에게 공감 능력을 제거하겠느냐고 묻는다면 절대 그러지 않겠다고 대답할 것이다. 공감을 통해 느끼는 엄청난 즐거움을 대체할 수 있는 것은 없기 때문이다.

공감을 지지하는 사람들은 소설을 읽고 남에게 공감하면, 남을 더 배려하게 된다고 주장한다. 철학자 마사 누스바움Martha Nussbaum은 그리스 비극을 예로 든다.

고대에 비극을 관람한 시민은 모두 남자뿐이었다. 그들은 자기보다 신분이 낮은 사람들, 예를 들어 트로이인, 페르시아인, 아프리카인, 아내, 딸, 어머니의 고통에 공감했다.

또한 미국 역사에서 흑인 노예들의 비참한 실상을 사실적으로 묘사한 해리엇 비처 스토의 소설 『톰 아저씨의 오두막』은 당시 수많은 백인 독자를 끌어들였다. 그중 상당수는 흑인 노예의 주인이었다. 그들은 그 소설로 인해 노예의 입장이 되어 과연 이것이 사회적으로 옳은 일인지 논의하게 됐다.

요즘 방송되는 TV 프로그램들도 같은 역할을 한다. 드라마를 보면서 나와 다른 성별의 캐릭터에게 공감하기도 한다. 공감의 좋은 점이라고 할 수 있다. 하지만 덜 긍정적인 캐릭터에 감정을 이입하는 경우는 너무 쉽게 간과되고 있다.

블라디미르 나보코프의 작품 『롤리타』는 사춘기 이전의 소녀에게 집착하는 중년 남성의 이야기다. 한마디로 성적으로 집착하는 괴물이라고 할 수 있다. 하지만 감히 말하건대 누구든 이 책을 20쪽만 읽어도 그에게 공감하지 않을 수 없을 것이다. 그래서 그의 입장이 되어 상상하고, 그의 목적을 함께 달성하게 된다. 따라서 가상 인물에게 공감할 때 생기는 문제점은 나쁜 사람의 감정까지 느끼게 된다는 것이다.

노예의 처지를 헤아리게 하는 『톰 아저씨의 오두막』이 있는가 하면, 강제 수용소의 창시자들에게 공감하게 하는 히틀러의 『나의 투쟁』도 있다. 또 홀로코스트 피해자들의 아픔을 느끼게 하는 스티븐 스필버그 감독의 영화 〈쉰들러 리스트〉가 있는가 하면, 흑인을 말살하려는 인종 차별주의자에게 감정 이입을 시키는 D. W. 그리피스 감독의 〈국가의 탄생〉 같은 영화도 있다.

여러분이 공감이라는 단어를 어떤 의미로 사용하는지는 모르겠으나 나는 의미론이나 단어 등의 용어를 가지고 논쟁하고 싶지는 않다. 그 단어가 예를 들어 '관심, 동정, 친절, 사랑, 도덕성'이라는 뜻으로 쓰인다면 전혀 문제될 게 없다.

그러나 내가 말하는 의미는 아주 특정한 개념, 다른 사람의 입장이 되어보는 행위다. 다른 사람의 감정을 그대로 느끼며 그들과 하나가 되는 것이다. 그런 공감이 즐거움과 행복의 훌륭한 원천이라는 데는 동의한다. 또한 우리 삶을 풍성하게 해준다는 점에서도 이의가 없다.

하지만 공감이 선행을 추구하는 동기로 사용될 때나 옳고 그름을 가려서 행동하는 기준이 될 때, 도덕성이 파괴되는 끔찍한 결과를 낳는다. 그래서 나는 공감에 반대한다. 그리고 여러분도 나의 의견에 고무되어 함께 공감에 반대하기를 소망한다.

공감에 반대하기 위해서는 공감보다 나은 행위를 위한 대안이 있어야 할 것이다. 두 가지로 나누어 이야기해보자.

첫째는 개인적 차원에서 공감을 줄이고 동정심을 키우는 것이다. 어느 정도 효과가 입증된 방법으로는 명상 훈련이 있다. 하지만 그게 아니더라도 중요한 일을 처리할 때 감정이 아닌 이성에 기대도록 노력하는 것이다. 이것은 공감은 물론이고 분노와 같은 다른 감정에도 적용할 수 있다.

둘째는 사회적인 차원에서 변화를 일으키는 것이다. 예를 들어 정치인을 뽑을 때, 자신이 속한 집단의 편에서 지나치게 감정을 앞세우는 사람보다 이성적인 사람을 뽑아야 한다. 전쟁 참가 여부처럼 중대한 결정을 내릴 때를 생각해보면 확실해질 것이다. 공감이나 분노, 증오에서 우러나온 주장은 매우 위험하다. 예를 들어 군사 행동을 취할 때는 참혹한 상황이니 세상을 위해 나서야겠다는 생각으로 결정해야 한다. 사회적으로 공감의 힘을 약화시키는 절차와 정책, 관습을 채택할 필요가 있다.

물론 공감이 선하게 사용될 때도 있다. 실제로 곤란을 겪는 사람들이 있으니 도와주어야 한다며 뜻을 모을 때가 그런 경우다. 특히 미디어나 정치인들은 우리로 하여금 그들을 돕게 하기 위해 굶주리는 아이들의 사진을 생생하게 보여준다.

그러나 우리가 미디어나 정치인이 선택한 일에 집중하도록 유도되고 있다는 생각을 해본 적은 없는가? 더욱이 정치인이 자신의 이익을 위해 선택한 일이라면 그것이 우리를 위한 최선이라고 말할 수는 없다. 바로 그게 문제다. 공감이 선한 일에 사용될 수도 있지만 우리를 이용하기 위한 수단이 될 가능성 또한 높다. 각자가 자신의 이성으로 중요한 일을 판단하는 게 훨씬 더 바람직하다.

비유를 하나 들어보자. 심리학자 스티븐 핑커Steven Pinker는 지난 200여 년간 살인과 같은 폭력이 감소한 이유 중 하나로 문화 변동을 꼽았다. '명예의 문화'에서 '품위의 문화'로 변화했다는 것이다. 명예의 문화에서는 누군가 나를 모욕하면 맞서 싸워 본 때를 보여주어야 하지만 품위의 문화에서는 누군가 나를 모욕해도 별일 아니라면서 그냥 넘어간다.

이제 우리는 격렬한 감정 표현을 권하고 칭찬하는 공감의 문화에서 벗어나 이성의 문화로 넘어가야 한다. 나의 주장이 그런 변화를 이끄는 데 작게나마 힘이 되었으면 한다.

공감 능력으로

더 나은 사람이 될 수 있을까?

공감 역시 지능의 한 형태로,

선한 일에도 악한 일에도

사용될 수 있다.

그러므로 공감은 좋은 것도

나쁜 것도 아닌 도구일 뿐이며,

도구는 목적을 가리지 않고

사용될 수 있다.

PRISM

03

잠든 창의성을 깨우는 긍정심리

최인수

성균관대학교 아동청소년학과 및 인재개발학과 교수다. 고려대학교 심리학과를 졸업하고 시카고대학교에서 미하이 칙센트미하이 교수의 지도 아래 심리학 박사학위를 받았다. 다산창의력센터 소장과 긍정심리학회 부회장, 교육과학기술부 중앙영재교육진흥위원회 위원 등을 역임했고, 2005년 갤럽학술상 우수상을 수상했다.

저서로는『창의성의 발견』『엉뚱한 생각』(공저) 등이 있고, 미하이 칙센트미하이의『몰입 flow』등을 번역했다.

이 시대의 화두인 '4차 산업혁명'으로 이야기를 시작하겠다. 오늘날, 특히 대한민국에서 살아가는 사람에게는 결코 피할 수 없는 주제일 것이다.

4차 산업혁명은 2016년 다보스포럼에서 독일의 경제학자이자 다보스포럼의 회장인 클라우스 슈밥Klaus Schwab 교수가 처음 주장한 뒤 전 세계적으로 많은 관심을 받고 있다.

검색어의 빈도를 비교해주는 빅데이터인 '구글 트렌드'를 이용해 사람들이 4차 산업혁명에 대해 얼마나 많은 관심을 가지고 있는지 통계를 냈다. 그 결과 최근 5년 동안 4차 산업혁명에 대해 가장 많이 검색한 나라가 바로 대한민국이었고, 이런 관심은 2017년 문재인 대통령 직속의 '4차산업혁명위원회'가 조직

되면서 정점을 찍었다.

네이버 검색창에 '4차 산업혁명'을 입력하고 검색해보았다. 엄청난 수의 연관 검색어가 등장한다. 그중에서 앞선 순위에 등장하는 단어는 '4차 산업혁명과 직업', '4차 산업혁명 일자리', '4차 산업혁명 시대에 살아남기' 등이다. 4차 산업혁명 그 자체에 대한 내용에 관심이 있다기보다, 향후에 컴퓨터나 AI(인공지능)에게 나의 일자리를 빼앗기는 것은 아닐까 걱정하는 사람이 많다는 것을 뜻하는 것이리라.

4차 산업혁명의 의미를 직관적으로 정리함으로써 이 혁명의 시기를 돌파하기 위해 필요한 게 무엇인가를 찾아보고, 이를 긍정심리학과 연결 지어 설명해보도록 하겠다.

키워드로 보는 4차 산업혁명의 정의

|

보는 관점에 따라 백가쟁명百家爭鳴의 상태에 있는 4차 산업혁명의 정의를 일일이 설명하기보다는 이와 관련한 키워드들의 공통분모가 무엇인지를 찾는 편이 그 개념을 파악하는 데 도움이 될 것 같다. 인공지능, 사물 인터넷, 빅 데이터, 융합 등이 4차 산

업혁명을 대표하는 키워드로 나타났다. 지금부터 이 키워드들에 대한 간단한 설명을 머릿속에 이미지화하면서 읽으면 도움이 될 것이다.

먼저 인공지능에 대해 이야기해보자. 2016년에 있었던 이세돌 9단과 알파고의 대국을 기억할 것이다. 알파고를 개발한 구글의 딥마인드라는 회사에서 알파고의 알고리즘을 공개했다. 어떤 수가 주어지면 알파고는 확률적으로 승률을 보장해주는 250여 개의 수를 계산한다. 그중 최적의 수와 연결이 되고, 그 수가 놓이면 또다시 250여 개의 수를 계산하는 식으로 기하급수적으로 수가 늘어나 각 점들이 연결되는 게 알파고의 알고리즘이라고 한다.

둘째는 사물 인터넷이다. 사물 인터넷IoT이란 문자 그대로 인터넷을 기반으로 모든 사물을 연결해 사람과 사물, 사물과 사물 사이의 정보를 상호 소통하는 지능형 기술이다. 사물 인터넷이 발달하면, 예를 들어 자동차 엔진오일이나 브레이크 패드 등의 교체 시기를 사람이 일일이 체크하지 않아도 자동차 내부에 장착된 센서가 스스로 점검해 알려주는 것이다. 이미 사물 인터넷을 통해 밖에서도 스마트폰으로 집 안의 전등을 끄거나 가스를 잠그는 일 등이 얼마든지 가능하다. 말하자면 사물 인터넷이란 온라인과 오프라인의 연결이라고 할 수 있다.

셋째는 빅 데이터다. 빅 데이터는 한마디로 팩트 체크라고 할 수 있다. 음악의 아버지 바흐의 예를 들어보자. 세계적인 음반 회사의 판매량이 축적된 빅 데이터를 카이스트에 있는 한 교수가 분석했다. 예를 들어 한 음반 회사에서 바로크 시대의 음반을 만들어 판매했다고 가정해보자. 이때 이 음반에 실려 있는 작곡가들은 서로 관련이 있을 가능성이 크다. 그리고 그 음반을 산 사람이 또 다른 클래식 음반을 샀다고 하면 그 음반에 실린 작곡가들과 이전 음반의 작곡가들이 또다시 관련이 있을 가능성이 크다. 이렇게 엄청나게 축적된 자료들을 분석해보니 세계의 작곡가들은 평균 15명 정도와 직간접적인 네트워크를 형성하고 있다는 결론을 얻었다.

그런데 바흐의 경우 무려 1500명의 작곡가와 직간접적인 영향을 맺고 있다는 사실이 빅 데이터를 통해 밝혀졌다. 일반 작곡가들에 비해 100배 이상의 소셜 네트워크를 형성했다는 의미다. 우리가 막연하게 바흐를 음악의 아버지라고 생각했던 것을 빅 데이터가 실제로 검증해준 셈이다. 우리의 심증을 방대한 양의 자료를 통해 팩트 체크를 해주는 것이다. 물론 그 분석 결과의 의미를 파악하는 것은 우리의 몫이다.

넷째는 융합이다. 2015년 교육과학기술부(현 교육부)에서는 우리나라 글로벌 인재를 끌고나갈 수 있는 교육의 기조를 '창의융합교육'이라고 이름 붙였다. 창의융합교육은 Science(과학), Technology(기술), Engineering(공학), Arts(예술), Math(수학)의 첫 글자를 따서 'STEAM'이라고도 한다. 말하자면 우리가 어떤 주제를 가르칠 때 특정 학문의 관점에서 가르치기보다 여러 학문이 가지고 있는 다양한 관점에서 가르치면 학생들의 흥미와 동기를 유발할 수 있다는 의도다.

예를 들어 빛과 색채에 대해 가르친다고 했을 때, 미술 영역에서는 점묘법을, 공연 영역에서는 무대 조명을, 기술 영역에서는 디지털카메라를, 과학 영역에서는 3D 영화를 융합해 하나의 주제로 묶어 가르치는 것이다. 이렇게 하나의 주제로 융합해서 가르치면 학생들의 관심을 유발하거나 창의적인 아이디어를 만들어낼 가능성이 훨씬 높아진다. 이것이 창의융합교육의 핵심 목표라고 할 수 있다.

지금까지 '4차 산업혁명' 하면 가장 많이 연관되는 검색어들인 인공지능, 사물 인터넷, 빅 데이터, 융합에 대한 매우 간략한 설명을 곁들였는데, 그 목적은 이들 대표 검색어들이 공통적으로 가지고 있는 특성을 찾아내고 이를 잘 다룰 수 있는 능력을 겸비하자는 데 있다.

그러면 이 키워드들의 공통점은 과연 무엇일까?

여러분이 짐작한 대로 바로 '연결'이다. 그렇다. 어쩌면 우리 주변에 널려 있는 수많은 정보들 또는 전혀 관련 없어 보이는 정보들을 의미 있는 묶음으로 연결시키는 것이다.

창의성의 원래 정의는 '서로 무관해 보이는 두 가지 사물을 강제로 결합시키는 것'이다. 그렇다면 창의성이 4차 산업혁명에 반드시 필요한 능력이라는 점을 인정하지 않을 수 없다. 4차 산업혁명의 핵심이 연결이고, 그것을 가능하게 하는 능력이 곧 창의성이기 때문이다.

스티브 잡스도 창의성은 '사물을 연결시키는 것Creativity is just connecting things'이라고 간단하게 정의했다. 물론 '바늘과 실', '숟가락과 젓가락' 등의 연결을 두고 창의적이라고 하지는 않는다. 그러나 국화꽃을 보고 소쩍새와 연결시킨다면 이것은 창의적이라고 할 수 있다. 심리학자 사르노프 메드닉Sarnoff A. Mednick은 우리 머릿속에 자리 잡고 있는 정보들 사이에 거리가 있다고 가정한다면 먼 거리의 정보들을 결합시키는 게 창의적인 연결이라고 말한다.

많은 사람들이 너무 많은 영역에서 오랫동안 회자되어온 창의성이라는 단어에 식상해하던 차였다. 그때 마침 새롭게 등장한 4차 산업혁명이 '진부하게 느껴지는 창의성'을 대체하는 개념이라고 생각하고 반긴 것이다. 그러나 결국 이 혁명도 '창의성'이 있어야 버틸 수 있다는 말이니 이제는 더 이상 창의성을 피해야 할 대상이 아닌 친구로 여겨야 할 때다. 그래야 4차 산업혁명 시대의 일자리 걱정도 하지 않을 수 있을 것이다.

이 시대 최고의 무기, 창의성

창의성이 4차 산업혁명에서 살아남기 위한 필수품이라는 최근의 한 연구가 주목을 끌었다. 옥스퍼드대학교의 마이클 오스본 Michael A. Osborne 교수는 '인공지능이 우리의 직업을 얼마나 대체할 것인가?'에 대해 연구했다. 마이클 오스본 교수는 오늘날 지구상에 존재하는 많은 직업 가운데 컴퓨터, 인공지능, 로봇과 같은 정보기술력으로 대체될 직업의 확률을 분석했다. 회계, 법조인, 은행원 등 많은 직종이 10년 안에 인공지능에 그 자리를 빼앗기게 될 것이라는 결론에 도달했다.

그러나 다음 두 가지 능력을 필요로 하는 직종은 앞으로도 인간 고유의 영역으로 남을 것이라고 한다. 그 능력 중 첫째는 창의성이고, 둘째는 EQ라고 표현하는 정서 지능이다. 예를 들어 법원의 서기 같은 경우에는 머지않아 인공지능으로 대체될 가능성이 높다. 반대로 패션 디자이너처럼 창의성이 필요한 직업군이 사라질 가능성은 낮다.

또 사회적 지능의 경우에는 주방에서 접시를 닦는 아르바이트가 사라질 확률은 높은 데 반해, 사람의 마음을 움직이는 광고 홍보 전문가처럼 정서적인 측면을 다루는 직업군이 사라질 확률은 매우 낮다. 그러므로 창의성과 정서 지능이 연합된 능력을 갖춘다면 4차 산업혁명 시대에도 경쟁력은 충분하다.

이를 바탕으로 2, 30년 뒤에 어떤 직종이 유망할지를 예측한 기사가 있다. 미국의 경제 매체인 《비즈니스인사이드》에서 제시한 미래 유망 직업 가운데 '노스탈지스트Nostalgist'라는 게 있다. 노스탈지스트는 고령화가 증가되는 사회 현상에 따라 중노년의 취향에 맞추어 집안 환경을 디자인할 수 있는 능력을 갖춘 사람을 뜻한다. 예를 들어 '7080 시대' 문화에 대한 향수를 가지고 있는 사람들을 위해 이들의 취향을 저격할 능력을 갖춘 사람이라고 할 수 있다. 노스탈지스트에게 필요한 자질은 창의력을 갖춘 디자인 능력과 중노년의 마음을 잘 이해할 수 있는 정서 지능이다.

또 다른 미래 유망 직업으로는 로봇카운슬러Robot Counselor도 있다. 앞으로 인공지능이나 로봇의 종류가 점차 많아지면서 사람들은 자신에게 어떤 로봇이 필요한지 궁금해할 것이다. 로봇 카운슬러는 다양한 로봇 가운데 소비자에게 꼭 필요한 맞춤형 로봇을 연결시켜주는 역할을 한다.

마이클 오스본 교수의 연구 결과는 인공지능이든 컴퓨터든 로봇이든 이를 대체할 수 있는 최고의 무기는 바로 '창의성'이라는 것이다. 그런데 사실 이런 이야기가 새로운 것은 아니다. 일찍이 아인슈타인은 "창의적 상상력은 지식보다 중요하다"라는 말을 했다. 오늘날에 이르러서 우리가 그 중요성을 새삼 깨닫는 것일 뿐이다.

창의적 인간이 되기 위해서

|

그렇다면 어떻게 해야 창의적인 인간이 될 수 있을까?

창의적 인간을 한마디로 정의하기는 쉽지 않다. 그러나 그 반대로 창의적이지 못한 사람을 예로 들면 이해가 쉬울 수 있다.

최근에 알려진 인물 중 가장 창의적이지 않아 보인 사람을 꼽으라면 나는 단연코 '아자황Aja Huang'을 꼽는다. 그는 알파고의 명령에 따라 바둑을 둔 알파고 대리인이다. 물론 실제의 아자황은 알파고 설계자 중 한 명으로, 구글 딥마인드사의 대만계 엔지니어인 브레인 중 한 명이다. 그러나 내가 말하는 아자황은 TV에서 아무런 표정도 없이 알파고의 명령에 따라 수동적으로 바둑알을 놓고 있는 로봇과 같은 모습이다. 사람들은 이런 모습의 사람을 창의적이라고 하지는 않을 것이다.

창의적이지 않은 사람의 전형을 설명했으니, 여기서 질문의 화살을 한번 우리 자신에게로 돌려보자. '나는 아자황과 얼마나 다른가? 나는 로봇인가, 사람인가?' 한번쯤 진지하게 생각해볼 문제다.

긍정심리학에서 말하는 창의적인 사람에는 크게 세 가지의 특징이 있다.

첫째는 자주적 인간authentic, 둘째는 복합적 인간complex, 셋째는 몰입하는 사람flow이다. 이 중에서도 특히 중요한 부분은 '자주적 인간'이다. 자주적 인간은 오리지널한 사람, 즉 세상에 유일무이한 인간이라는 뜻으로 스스로 자신의 주인이 되는 사람을 말한다. 자기 스스로 선택하고 그 선택의 결과에 대해 책임질 줄 아는 사람이다.

'오리지널original'의 어원은 '오리진origin'이며, 사전적 의미는 '근원'이다. 예를 들어 샘의 근원, 강의 근원이라고 하면 샘이 없었던 곳에서 샘이 시작되고, 강이 없었던 곳에서 강이 시작되듯이, 근원은 없었던 곳에서 새로운 게 만들어진다는 의미를 가지고 있다. 오리진과 동의어로 '제네시스genesis'라는 단어가 있다. 그런 의미에서 세상이 창조되는 역사를 기록한 「창세기」가 '제네시스'라는 이름을 가지고 있는 것은 놀라운 일이 아니다. 그래서 세상을 창조하는 과정을 담은 「창세기」에는 '창의' 또는 '창조'와 관련한 교훈과 은유들이 상당히 많이 기록되어 있다.

창의적 인간에 대한 설명을 위해 아담과 하와의 선악과 사건에 대한 하버드대학교의 신학자 하비 콕스Harvey Cox의 해석을 참고해서 이야기해보자.

하나님의 형상대로 창조되었다고 하는 아담이 선악과를 따먹자 화가 난 하나님이 아담 앞에 나타나 가장 먼저 물은 말은 "Where are you?"이다. 우리 같으면 왜 먹지 말라는 걸 먹었느냐며 화를 낼 텐데, '너 어디 있냐?'라고 묻다니 쉽게 이해되지 않는 대목이다. 특히 전지전능한 하나님이 아담이 숨은 곳을 찾지 못해 물어본 것은 더더욱 아닐 터다. 하나님이 다시 선악과를 따먹은 이유를 물었다. 그러자 아담은 하와가 먹으라고 해서 먹었다고 대답한다. 하와에게 그 이유를 묻자 하와는 뱀이 먹으라고 했다고 대답한다.

하나님이 진노한 이유가 바로 여기에 있다. 자주적인 주체로 창조한 인간인 만큼 스스로 선택하고 행동해야 하는데 마치 알파고의 명령을 좇은 아자황처럼 뱀과 하와의 명령에 노예처럼 복종한 아담에게 몹시 화가 난 것이다. 그러니까 하나님이 맨 처음에 "Where are you?"라고 물은 것은 곧 '너의 실존적인 자아는 어디 있느냐?'를 물은 것이다. 여기에서 사용된 'be' 동사가 존재의 의미를 갖는 것은 데카르트의 '나는 생각한다. 고로 나는 존재한다I think. Therefore, I am'에서도 적용된다.

사실 우리가 무언가를 스스로 선택한다는 것은 상당히 어려운 일이어서 때론 누군가가 나의 선택을 대신 해주기를 바라는 경우가 있다. 이런 모습은 이미 창세기 때부터 배태된 인간의 오래된 속성이다.

이런 선택의 회피가 집단적으로 일어날 때의 폐해에 대해서는 정신분석학자이자 사회심리학자인 에리히 프롬이 자신의 저서『자유로부터의 도피』에서 자세하게 다루고 있다.

에리히 프롬은 자유에는 두 종류가 있는데 하나는 성숙한 자유이고, 다른 하나는 성숙하지 못한 자유라고 말한다. 성숙한 자유는 홀로 서기, 선택에 대한 자유와 그에 따른 책임감을 가지는 자유다. 결국 창의적인 자유인 것이다. 반면 미성숙한 자유란 무엇일까?

프랑스 혁명 이후 참정권을 받은 사람들은 자유에 수반되는 책임과 선택을 직면하는 대신 누군가가 나의 삶을 대신 살아주기를 원했다. 그때 모든 것을 자기에게 맡기면 행복하게 해주겠다는 권위주의가 등장하게 되고, 사람들은 그들의 명령에 따르는 아자황으로 전락하고 만다. 파시즘과 나치즘, 히틀러와 무솔리니에게 자신들의 자유와 선택을 모두 내맡긴 결과 제2차 세계대전을 불러왔다는 분석이다. 본인이 행한 행위의 책임을 타인에게 귀인하는 집단적 아담은 결국 모두의 불행을 낳는다는 것이다.

그렇기 때문에 선택의 자유가 주어졌다면 그에 따른 성숙한 자유를 누릴 훈련이 필요하다. 그래야만 책임으로부터 회피하지 않고 권위주의에 의존하지 않으며, 나 스스로 삶의 주체가 되어 선택하고 책임지는 자주적이고 창의적인 인간이 될 수 있다. 그렇게 해서 창의적인 인간이 된다면 4차 산업혁명뿐만 아니라 세상의 그 어떤 변화도 두렵지 않을 것이다.

창의적인 아이로 키우는 방법

창의성을 연구하는 학자들은 부모들에게 다음과 같은 원칙이 있으면 자녀들을 창의적인 아이로 키울 수 있다고 이야기한다.

첫째, 규칙이 적고 자유롭다.
둘째, (선택의 결과를 책임질 수 있다면) 스스로 결정하게 한다.
셋째, 포용력이 있다.
넷째, 실패를 통해 배우게 한다.
다섯째, 도전을 장려한다.

이런 원칙이 아이의 창의성을 키우고 북돋워줄 수 있는 부모의 태도다. 이 원칙들의 바탕에 깔려 있는 정서는 바로 '열린 마음'이다. 긍정심리학에서는 창의성을 북돋우기 위해 이 '열린 마음'을 매우 중요하게 여긴다.

내가 대학생 때의 일이다. 어느 날 아버지가 '포니'라는 승용차를 한 대 사오셨다. 아버지의 운전하는 모습을 보자 나도 꽤나 운전이 해보고 싶었다. 그래서 "저도 운전하고 싶습니다"라고 말하자 아버지가 "그럼 운전 학원을 좀 다녀라"라고 하는 것이었다. 운전 학원에 등록을 하고 정말 열심히 다녔다. 그러고 나자 아버지가 "시내 연수도 좀 받아라"라고 하셔서 시내 연수도 열심히 받았다. 그런데 이번에는 아버지가 "차의 구조에 대해서도 알아야 하니까 정비도 좀 배워라"라고 하시는 게 아닌가. 참다못한 내가 "아버지, 제게 차를 내주실 건가요, 안 내주실 건가요?" 하고 따져 묻자 아버지는 어머니와 상의 끝에 마지못해 자동차 열쇠를 내주셨다. 그로부터 한참이 지난 어느 날, 내가 운전하는 차를 타신 아버지가 "뒷자리에 타니 이렇게 편한데 내가 너를 너무 못 믿었구나!" 하시는 것이었다.

사실 부모로서 자식을 믿고 선택을 맡긴다는 게 쉽지 않은 일이다. 지켜주고 책임져야 한다는 생각이 강하게 작용하기 때문이다. 대한민국 부모들이라면 더더욱 그럴 것이다. 그게 사랑이라고 생각해서다.

실례로 사람 한 명이 겨우 들어갈 만큼 좁고, 문을 닫으면 외부와 완벽히 차단되는 스터디룸 가구가 우리나라에서 날개 돋친 듯이 팔려나갔다고 한다. 자식 사랑이 넘쳐나는 부모들이 너도나도 아이들을 위해 구입한 것이다. 그런데 그 스터디룸 가구에 앉아 공부하고 있는 아이의 뒷모습에서 아자황의 모습이 오버랩되는 것은 왜일까. 부모가 시키는 대로 공부만 하는 아이의 삶은 로봇과 무엇이 다를까. 자녀들에게 이렇게 말하는 부모들이 있다. "공부 열심히 해서 시험 잘 보면 좋은 대학 들어가고 돈도 많이 벌게 돼!" 그런데 과연 그럴까.

학기마다 학생들을 상대로 본인의 창의성을 가로막고 있는 이유에 대해 조사를 한다. 40퍼센트 정도의 학생들이 수동적이고 주입식으로 받아왔던 교육 방식이 그 이유라고 답한다. 심지어 한 학생은 화장실에 가는 것조차 허락받던 생활을 하다가 대학에 들어와서 갑자기 전공이나 진로에 대해 스스로 창의적인 결정을 하라고 하니 이 얼마나 터무니없는 일이냐는 푸념을 적은 리포트를 제출하기도 했다. 지금까지 오로지 대학을 가기 위해 주입식 교육으로 지식을 축적해왔지만 4차 산업혁명 시대에는 지식의 양과 축적은 큰 의미가 없다. 그보다 문제 해결 능력과 창의성 등이 훨씬 더 중요하게 작용할 것이다.

KBS의 〈명견만리〉라는 프로그램에 따르면 부모들이 자식들에게 원하는 대표적인 직종, 즉 회계사, 의사, 변호사, 판사 등이 향후 사라질 직종에 포함되어 있다고 한다. 지금껏 인기 직업군으로 여겨졌던 많은 직종이 머지않아 사라질 위기에 처한 것이다. 그런데도 지금까지 부모가 해왔던 공부 방식, 부모가 이상적으로 생각하는 직업군을 아이들의 미래를 가늠하는 나침반으로 삼는 게 과연 옳은가에 대해 의문을 가져야 할 시점이다.

앞서 4차 산업혁명 시대에 살아남으려면 창의성과 정서 지능이 중요하다고 말한 바 있다. 아이의 정서 지능을 가장 잘 키워줄 수 있는 사람은 바로 부모다. 그런데 SBS의 〈영재 발굴단〉이라는 프로그램을 보다 보면 종종 마음이 편치 않을 때가 있다. 아이들에게 좋은 영향을 주지 못하는 부모들의 모습 때문이다. 심지어 바둑 영재로 출연한 한 아이는 아빠를 자신의 원수라고 말하기도 하고, 수학 영재인 한 아이는 문제를 풀다가 엄마와 관련된 동요가 들리자 눈물을 훔친다. 아이들의 정서에 화수분이 되어주어야 할 부모가 왜 이렇게 된 것일까.

미국의 심리학자 미하이 칙센트미하이Mihaly Csikszentmihalyi 교수가 전 세계의 창의적인 사람 100명을 대상으로 인터뷰를 했다. 그러자 전혀 예상하지 못한 결과가 나왔다. 인터뷰 대상 5명 가운데 1명이 조실부모, 즉 부모 중 한 명을 일찍 여의었다는 것이다. 의존해야 할 대상이 없다 보니 독립적으로 자랐을 가능성이 크고, 통제와 명령이 적으니 사고가 자유로울 수 있었을 것이다. 물론 그렇게 되기까지 편부모의 정성과 지지, 사회적인 지원도 간과할 수는 없을 것이다. 같은 조건에서 건강하게 자라지 못한 사례도 많으니까.

어쨌든 이 불편한 발견에 대한 끝판왕은 사르트르다. 프랑스의 실존주의 철학자이자 작가인 사르트르는 "아빠가 자식에게 해줄 수 있는 가장 좋은 선물은 일찍 사라지는 것이다"라고 말했다. 물론 여기서 사라진다는 의미는 생물학적인 존재가 아니라 심리학적인 의미로서의 유무를 말한다. 심리적 의존 대상으로서의 아버지, 권위적 대상으로서의 아버지가 사라져야 아이가 좀 더 빨리 자주적인 능력을 키울 수 있다는 뜻이다.

부모가 자녀의 창의력 향상을 위해 또 하나 짚어볼 점은 '경쟁'이다. 경쟁을 강조하는 게 과연 아이들에게 긍정적인 효과를 줄 수 있을까.

최근 들어 사회과학에서 많은 관심을 받고 있는 경험 표집법 ESM▲을 통해 학생들을 대상으로 실제 조사한 결과 '경쟁'이라는 단어에 수반되는 정서가 매우 부정적이라는 결과가 나왔다. '경쟁'이 슬픔, 불안, 불편, 외로움 등의 정서와 같은 부정적 경험의 범주에 속해 있었다는 것이다.

▲ experience sampling method, 심리 측정법의 하나로 휴대전화를 소지한 조사 응답자에게 무선적으로 신호를 보내면, 응답자는 그 시점의 행동이나 기분과 같은 주관적 경험과 시간이나 장소와 같은 외적 경험 자료를 화면상에서 체크해 전송하는 방법이다.

이 결과가 안타까울 수밖에 없는 이유는 긍정적인 정서는 몰입에 도움을 주는 반면, 부정적인 정서는 몰입을 방해하기 때문이다. 긍정심리학에서 몰입은 창의성을 키우는 데 가장 중요한 마중물이다. 그렇기 때문에 경쟁을 강요하는 것은 아이들의 창의성을 향상시키는 데 오히려 역효과를 낳을 뿐이다. 부모 스스로 경쟁 의식을 버리고 아이의 자율성을 키워주는 게 핵심이다.

미하이 칙센트미하이 교수는 부모가 아이의 몰입과 창의성을 길러주려면 자녀가 좋은 대학이나 좋은 직장에 들어가는 데 집중하기보다 지금 현재 자녀가 경험하고 있는 일과 감정에 더 많은 관심을 기울여야 한다고 말한다. 나의 부모가 그렇게 하고 있다고 믿을 때 아이들의 창의적 잠재력이 발휘될 가능성이 높다는 것이다.

내가 전달하고자 하는 메시지도 바로 여기에 있다. 아이들이 사회생활을 시작하기 전까지는 부모는 영원한 나의 보호자이며 내 편이라는 강한 믿음을 주는 게 가장 중요하다. 때로는 장난도 치고, 말도 안 되는 행동을 하고, 미운 일곱 살 같은 짓을 하더라도 그저 전두엽이 발달하는 시기이다 보니 상상력이 넘쳐서 그런가보다 하고 너그럽게 이해하는 게 좋다.

다름을 인정하는 관용의 사회

|

이번에는 창의적 인간을 만들어내는 창의적 사회에 대해 이야기해보자. 창의적 사회란 어떤 사회를 말하는 것일까?

창의성을 키워주는 부모에게 필요한 원칙이 창의적 사회에도 똑같이 적용된다. '창의적인 부모의 원칙'에서 '부모'를 '사회'로만 바꾸면 된다.

그렇다면 창의성을 북돋우는 사회란 열린 마음, 즉 '다름'에 대한 관용 있는 사회가 된다.

첫째, 규제가 적고 자유로워야 한다.

둘째, 구성원 스스로 결정하게 한다.

셋째, 포용력이 있어야 한다.

넷째, 실패를 통해 배우게 한다.

다섯째, 도전을 장려한다.

전 세계 국가들을 창의성의 높낮이에 따라 한 줄로 세우면 한국은 몇 위나 할까? 스스로 생각해보거나 주변 사람들에게 물어보면 한국의 예상 순위는 그리 높지 않다. 내가 조사한 바에 따르면 하위권에 속한다고 답변하는 사람이 다수였다.

또한 한국의 매스컴에서도 한국 자체의 창의성에 대해 평가 절하하는 기사가 대부분이다.

그러나 외국에서 보는 시각은 그렇지 않다. 토론토대학교 경영대학원의 리처드 플로리다Richard Florida 교수는 해마다 전 세계 국가들을 대상으로 국제 창의성 지수를 산출해 순위를 매긴다. 그에 따르면 우리나라의 창의성 순위는 세계 120여 개국 가운데 31위다. 우리가 생각하는 것보다 낮지 않은 순위다.

이뿐만이 아니다. 국제 지식 포럼에 같이 참여했던 『그룹 지니어스』의 저자 키스 소여Keith Sawyer 교수는 한국의 창의성이 외국에서 높은 평가를 받고 있다면서 몇 개의 참고문헌을 건네주었다. 영국의 권위 있는 시사지 《이코노미스트》가 2014년에 발표한 '창의 생산 지수'를 보면 우리나라의 순위는 전 세계에서 3위다. 뿐만 아니라 미국의 블룸버그 연구소에서 발표한 '혁신 지수'를 보면 2016년과 2017년 연이어 우리나라가 1위를 차지했다. 게다가 OECD가 2015년에 발표한 과학기술 산업 보고서에서도 우리나라가 지식, 재능, 기술에 대한 투자 부분에서 1위를 차지했다.

왜 우리 스스로의 평가와 외국에서의 평가가 이렇게 많은 차이를 보이는지에 대해 분석해볼 필요가 있다. 이런 노력은 국수주의적인 입장에서 한국이 최고라는 외국의 기사를 그대로 믿자는 뜻이 아니다. 이제는 남들이 뭐라고 하든지 그 결과에 일희일비하지 말고 좀 더 다차원적이고 구체적인 분석 결과를 산출해야 한다는 의미다.

이런 관점에서 리처드 플로리다 교수의 창의성 지수를 세부적으로 살펴보았다. 우리나라가 31위를 차지한 국제 창의성 지수는 세 가지 하위 지수의 합으로 구성되는 것을 알 수 있다. 교육적 성취 지수, 테크놀로지 지수, 관용 지수가 그것이다. 우리나라가 교육과 테크놀로지 부분에서 각각 1위임에도 불구하고 글로벌 창의성 지수가 31위로 뒤처진 것은 다름 아닌 세 번째 지수, 즉 관용 지수가 70위권으로 밀려나 있기 때문이다.

우리나라가 열린사회로 나아가야 하는 이유가 바로 여기에 있다. 우리 아이들이 모두 똑같은 옷을 입는 것은 모난 돌이 정 맞을까 두려운 심리에서다. 친구들과 다른 옷차림, 다른 생각, 다른 의견을 보이면 그것대로 인정하기보다 삐딱한 시선으로 바라보며 '틀린 것'으로 치부해버리는 심리가 사회 전반적으로 팽배해 있어서다. 그렇다 보니 한국 사회, 한국 문화에는 금지되는 것도 많고 규제도 많다. 다름에 대한 열린마음, 즉 관용이 부족하다는 이야기다.

열린 마음이 창의성에 있어서 중요한 이유에 대한 몇 가지 사례를 들어보자.

르네상스 시대의 화가 보티첼리가 그린 불후의 명작 〈비너스의 탄생〉이 있다. 그러나 전 세계 미술교과서에 가장 많이 실릴 만큼 유명한 이 그림이 그 가치를 인정받기까지 500여 년의 시간이 걸렸다는 사실을 아는 사람은 그리 많지 않다. 우리의 역사로 가늠해보면 중종 11년 때 정도에 완성된 걸작이 아무런 가치도 인정받지 못한 채 500여 년을 방치되어 있던 셈이다.

당시 이 그림이 인정받지 못한 이유는 크게 세 가지다. 라파엘로의 〈그란두카의 성모〉처럼 기독교적 성모화가 대세일 수밖에 없는 사회적 분위기와 달리 그리스 로마 신화에서 모티브를 가져온 데다, 모두가 라파엘로의 그림 양식을 흉내 내던 기존 화단을 의도적으로 무시했으며, 심지어 여성의 나신을 표현했기 때문이다. 이런 이유로 〈비너스의 탄생〉에 관심을 기울인 사람은 아무도 없었다.

그렇게 500년이 지난 어느 날, 존 러스킨John Ruskin이라는 영국의 미술평론가가 이 그림의 가치를 재평가하게 된다. 존 러스

킨은 그 그림을 보는 순간 심장이 멎는 경험을 했다. 그는 곧 영국왕립협회에서 발간하는 문예비평지에 〈비너스의 탄생〉에 대한 찬사를 싣는다. 그리고 한 달도 되지 않아 그 그림을 보려는 사람들이 장사진을 이루면서 〈비너스의 탄생〉은 세계에서 가장 유명한 그림이 된다.

여기서 중요한 질문을 하자. 우리가 오늘날 〈비너스의 탄생〉을 감상할 수 있는 것은 이 그림을 그린 보티첼리 덕일까, 아니면 이 그림의 가치를 새롭게 평가한 존 러스킨 덕일까? 한번 생각해보기를 바란다.

창의성은 남들과 똑같으면 인정받지 못한다. 그래서 다른 사람들이 하지 않은 일을 하거나 지금껏 보지 못하고 생각하지 못했던 형태로 표현된다. 그런 다른 형태의 창의적 산물을 '틀린 것'으로 재단하고 무시해버린다면 더 이상 창의적 산물은 나올 수 없다.

이는 비단 예술 분야에 국한된 이야기가 아니다. 지금 우리가 쓰고 있는 컴퓨터 운영 체계인 윈도우도 마찬가지다. 이 윈도우를 개발한 사람은 마이크로소프트사가 아닌 복사기 회사로 유명한 제록스의 엔지니어들이었다. 그러나 이 혁신적인 산물의 잠재성을 인식하지 못한 제록스의 중역들은 상업화를 결정하지 못했다. 그러다가 그것의 가치를 제대로 평가하고 인정한 스티브 잡스로 인해 윈도우는 제품화되었고 지금 우리가 그 혜택을 누리게 된 것이다.

또다시 질문해보자. 우리가 윈도우라는 혁신적 산물을 이용하게 된 것은 제록스 연구원의 덕일까, 아니면 스티브 잡스 덕일까?

이 질문에 창의성의 핵심이 담겨 있다. 그것은 우리가 알고 있는 세상의 모든 창의적 산물 뒤에는 '다른 것'은 '틀린 것'이 아니라고 말하는 열린 평가자가 항상 존재한다는 사실이다. 국제 창의성 지수에서 관용성의 점수가 낮다는 사실을 이 맥락에 맞추어 재해석해보면, 한국에는 이미 혁신적이고 창의적인 아이디어가 많이 존재함에도 불구하고 한국 사회는 그런 것들을 받아들일 준비가 충분하지 않다는 것이다.

지금까지 우리는, 스티브 잡스나 보티첼리나 제록스 엔지니어 같은 창의적인 인재를 키워야 하며, 교육제도도 그럴 수 있도록 바꾸어야 한다고 말하고 이를 위해 온전한 노력을 기울여왔다. 그러나 우리가 열린 평가자가 되지 못한다면 우리 주변의 보티첼리, 제록스 엔지니어가 아무리 많아도 그 혁신의 열매를 수확하지 못한다.

창의적인 인물은 실제로 우리 주변에 이미 존재하고 있다고 확신한다. 다만 그들이 가지고 있는 창의적인 아이디어를 인정하고 수용할 열린 마음이 부족할 뿐이다. 창의적 성취보다 우선되어야 하는 게 바로 창의성에 대해 열린사회다.

인간의 발달 단계는 영유아기를 거쳐 아동기, 청소년기, 장년기, 노년기로 크게 나뉜다. 자식을 사랑하는 부모는 어린아이일 때는 물가에서 놀고 있는 것처럼 노심초사 돌보아주지만 청소년기에 접어들면 자식을 믿고 그들의 독립적 선택을 존중한다. 우리 사회도 이제는 웬만큼 성숙하지 않았을까? 부모가 자식을 믿고 인정해주어야 하는 것처럼, 우리 사회도 구성원들의 성숙도를 믿고 이제는 '다 안 되고 몇 개만 허용'되는 포지티브 규제 시스템으로부터 '다 되고 절대 안 되는 것은 죽어도 안 되는 몇 개만 규제'하는 네거티브 규제 시스템으로 나아가야 할 것이다.

우리 모두가 긍정심리학에서 말하는 '애매모호함에 대한 너그러움tolerance of anxiety'을 갖추는 성숙함이 필요하다. 성숙의 지표를 논한다고 했을 때 가장 많이 언급되는 게 '애매모호함에 대한 너그러움'이다. 잘 모르겠거나 나와 다른 것, 명확하지 않은 것들에 대해 조금 더 너그러운 사회가 되었으면 한다.

창의적 잠재력 끄집어내기

|

창의성은 나와는 무관한 먼 나라의 일로 생각하게 만드는 오해들이 있다. 이런 오해는 검증 과정 없이 내 머릿속에 자리하고 있으며, 이런 지식들을 암묵적 지식이라고 한다. 집단의 암묵적 지식이 가지는 힘은 커서 그 집단 사람들의 잠재력을 발휘하지 못하게 발목을 잡을 수도 있다. 창의성은 그 정의가 다양하듯이 그만큼 오해도 많다. 그리고 그 오해는 대부분 검증되지 않은 채 스며든 암묵적 지식 때문이다.

먼저 사람들은 보통 창의성 하면 소수의 선택받은 사람들, 또 IQ가 매우 높은 사람들에게나 있는 것이지 일반인들이 범접할 수 있는 게 아니라고 생각한다. 이것이야말로 창의성을 가로막는 가장 심각한 편견이다.

대학교에서 오랫동안 창의성 관련 수업을 진행하면서 얻은 생각이 있다. 한국 학생들의 창의적 능력은 그리 떨어지지 않는다는 것이다. 문제가 되는 것은 본인 스스로 창의적이지 못하다고 생각하는 창의적 자아 개념과 효능감creative self concept and efficacy의 부족이다. 이것은 큰 문제가 되는데 본인 스스로 창의적이지 않다고 생각하는 사람이 창의적 성취를 이루기란 불가능하기 때문이다.

　또 다른 오해는 본인의 내성적인 성격이 창의성을 저해한다고 생각하는 것이다. 하지만 극단적으로 내성적이지만 창의적 성취를 이룬 인물들은 우리가 생각하는 것보다 훨씬 많다. 수전 케인Susan Cain은 자신의 저서 『콰이어트』에서 그 대표적 인물로 아인슈타인, 뉴턴, 간디, 워런 버핏, 스티븐 스필버그, 빌 게이츠, 조앤 K. 롤링 등을 꼽는다.

　아리스토텔레스가 "자신을 바로 아는 것이 모든 지혜의 근원이다"라고 말했듯이 자신을 바로 아는 게 중요하며, 인간은 누구나 엄청난 잠재력을 가지고 있다. 못 믿겠다면 자신의 능력을 시험해보는 차원에서라도 한 번도 해보지 않은 일을 해보기를 적극 권한다. 이는 4차 산업혁명 시대에 살아남기 위해 필요한 두 가지 무기, 즉 창의성과 정서 지능을 높일 수 있는 좋은 방법이기도 하다. 한 번도 하지 않은 일을 함으로써 내 안에 잠재되어 있던 창의력을 발견하고, 내가 정말로 좋아하는 일이 무엇인지를 알 수 있는 기회가 되기 때문이다. 동시에 다른 사람의 입장이 되어보는 역할 바꾸기가 자연스럽게 이루어지기 때문에 타인에 대한 공감과 배려의 마음도 생긴다.

　긍정심리학의 관점에서 한 번도 해보지 않은 일을 하는 것은 나에 대한 너그러움을 키워주는 것이라고 할 수 있다. 실제로 많은 학생이 한 번도 해보지 않은 일에 도전함으로써 많은 변화를 경험했다. 그중 인상 깊었던 경우는 약 5년 전에 내가 강의하는 수업을 들었던 학생이다.

이 수업에서는 기말 과제로 '한 번도 해보지 않은 일'을 경험하고 그 수기를 제출하도록 했다. 그 학생은 상당히 내성적인 학생이었는데 15주차쯤 되었을 때 그 학생이 내게 CD 한 장을 건네고는 도망치듯 사라졌다. CD를 열어보자 그 안에는 여러분도 TV를 통해 보아서 잘 알고 있는 '사람이 미래다'라는 슬로건의 두산그룹 광고 영상이 담겨 있었다. 내성적이고 수줍음 많던 학생이 공익광고 모델 오디션에 지원해 당당히 합격했고, 그렇게 해서 자신이 출연한 광고 동영상을 과제로 제출한 것이다. 새로움에 도전한 그 학생의 용기에 박수가 절로 나왔다. 한 번도 해보지 않은 일에 대한 도전이 그 학생으로 하여금 새로운 자아를 찾는 계기가 된 것이다.

낯선 것들이 나의 삶 안으로 들어올 수 있도록 한 발짝만 넓혀보는 것은 어떨까. 관점을 조금만 달리 해도 나에게 굉장히 많은 것들이 주어진다. 자극은 항상 내 주변에 있는데 내가 그것을 보느냐 못 보느냐의 차이일 뿐이다.

창의성을 재정의하다

창의성은 절대 불변의 개념이 아니다. 창의성의 개념은 새롭게 구성된다. 사회 문화에 따라서 창의적인 사람에 대한 개념도 달라진다는 것이다.

구체적인 증거를 대보자. 흥미롭게도 현재 동시대를 살고 있는 대한민국의 국민이라도 세대에 따라 창의적인 사람에 대한 개념이 모두 다르다. 최근 연구를 보면 장년·노년층에서는 창의적인 사람에 대해 사회에 잘 적응하지 못하고 굉장히 이기적인 사람이라는 개념을 가지고 있는 반면, 학생과 같은 젊은 층에서는 현명하고, 똑똑하고, 용기 있고, 인기 있으며 심지어는 잘생기기까지 한 그야말로 슈퍼히어로의 개념을 가지고 있는 것으로 조사됐다.

그러나 사실 창의적인 사람에 대한 정반대의 개념이 공존하는 것은 여러 곳에서 발견된다. 시대사조를 살펴보자. 계몽주의 시대의 창의적 위인은 합리적이고 교양을 갖춘 사람으로 묘사된 반면, 낭만주의 시대의 창의적인 사람은 자기 통제가 안 되고 즉흥적인 감정에 좌우되는 사람으로 묘사됐다. 결국 창의적인 사람 자체가 변한 것은 아닐 테고, 그들을 바라보는 사회적 시각이 시대사적으로 바뀌어 투영된 것이라고 할 수 있다. 즉 창의성을 구성하는 다양한 요소 중 그 사회에서 어떤 것을 상대적으로 강조하는가에 따라서 그 사회 구성원의 암묵적 지식이 달라지는 것이다. 따라서 이제 우리도 우리의 상황에 걸맞게 창의성의 개념을 재정의해야 한다.

지금까지 우리가 창의성, 창조 경제, 창조 혁신 등의 구호를 외칠 때 우리가 가지고 있는 창의성의 개념은 실용 기능적 요소를 강조한 것이었다. 즉 그 산물이 혁신적일 뿐 아니라 유용하고, 그래서 사회 구성원에게 경제적 혜택이 돌아와야 한다는 점이 기저에 깔려 있었다.

따라서 우리나라에서 말하는 창의적인 사람은 스티브 잡스나 빌 게이츠같이 실용 기능적인 산물을 만들어내는 사람이다. 그러나 지금부터 창의적인 사람에 대한 정의는 '자신의 창의적 잠재력을 최적optimally으로 발휘하려고 노력하는 사람'이라는 자아실현적 차원에서 만들어져야 한다.

우리가 보통 창의성 교육을 시행함에 있어서 유치원생이나 초등학생, 중학생들을 상대로 그들이 새로운 산물을 만들어 대한민국 경제에 기여하도록 해야 한다고 강조할 수는 없다. 더 나아가서 국민 모두가 스티브 잡스나 빌 게이츠가 되어야 한다고 말한들 무슨 소용이 있겠는가.

　오히려 요리나 육아 또는 직장생활과 같은 소소한 일상생활 속에서 창의성을 발휘하면서 행복을 느끼고, 이런 경험이 반복될 때 본인이 기대하지도 않았던 혁신적이고 역사적인 창의적 산물이 나타날 수 있다는 사실을 말해주어야 하지 않을까.

　일상적인 창의성이 위대한 창의성보다 더 존중받는 사회가 될 때 노벨상은 저절로 찾아온다.

창의성은

타인이 하지 않은 일을 하거나

지금껏 보지 못하고

생각하지 못했던 형태로 표현된다.

그것을 '틀렸다'고 재단해버리면

창의적 산물은 나올 수 없다.

창의적인 인물은

우리 주변에 이미 존재하고 있다.

다만 그들의 창의적 아이디어를

인정하고 수용할

열린 마음이 부족할 뿐이다.

창의적 성취보다

창의성에 대해 열린사회가

우선되어야 한다.

우리는
어떤 존재인가

SPECTRUM

04

무의식, 알지 못했던 나와의 만남
김민식

연세대학교 심리학과 교수다. 연세대학교 졸업 후 미국 밴더빌트대학교 대학원에서 인지심리학 박사학위를 취득하고, 캘리포니아 주립대학교 신경과학센터 연구원으로 재직했으며, 한국 인지 및 생물심리학회 회장과 한국심리학회, 한국인지과학회, 한국뇌과학회 이사를 역임했다. 인지심리학과 인지과학 분야의 국내외 저명 학술지에 60여 편의 논문을 게재하는 등 활발한 연구 활동을 하고 있다.

저서로는 『딱딱한 심리학』 등이 있고, 『심리학 실험법』 『인지심리학』 등을 번역했다.

'나는 누구인가?' 라는 질문으로 시작하겠다. 여러분은 자신을 무엇이라고 생각하는가? 요즘에는 잘 모르는 게 있으면 무엇이든 구글에 검색해보는 게 우선이다. 그래서 한번 검색창에 입력해보았다. '나는 누구인가?'라고. 그러자 0.5초 만에 1400만 건의 검색 결과가 나왔다. 그만큼 내가 누구인지에 대한 물음은 인간에게 매우 중요한 화두다.

여덟 살 조카에게 "넌 누구니?" 하고 물어보니 아이는 이렇게 대답한다. "저는 ○○ 초등학교 1학년 1반이고요, 그림 그리는 걸 좋아하고요, 노래도 잘 부르고요, 친구들하고 노는 것도 좋아해요." 그런데 여러분에게 "당신은 누구입니까?" 하고 묻는다면 이 아이처럼 자신 있게 대답할 수 있을까.

'나는 누구인가?'는 선뜻 대답하기 힘든 질문이다. 물론 무엇을 하며, 어디에 사는 사람인지 등의 자기 정체성에 관련한 대답은 어렵지 않게 할 수 있다. 하지만 '내가 나를 알 수 있는가?' 또 '내가 나를 안다는 것을 어떻게 아는가?' 하는 질문에는 바로 답하기가 어렵다. 내가 나를 아는 것도 이렇게 어려운데 더 나아가 다른 사람을 아는 것, 즉 '인간이란 무엇인가?'에 대한 답을 찾는 일이 과연 가능할까.

인간의 생각을 과학적으로 분석하는 분야인 인지심리학을 통해 '인간이란 무엇인가?', '나는 누구인가?'에 대한 답에 한 발짝 다가가보겠다.

인간이란 무엇인가, 나는 누구인가

인간이란 무엇이며, 나는 누구인가? 어떻게 살 것이며, 어떻게 사는 게 옳은 것인가? 그리고 어떻게 사는 게 옳은지를 또 어떻게 알 수 있는가? 우리는 끊임없이 이런 질문을 하며 살아간다. 그 이유는 무엇일까. 이런 질문들을 함으로써 과연 삶이 나아지거나 달라질까.

인류에 지대한 영향을 미친 성인들, 예를 들어 공자, 소크라테스, 플라톤, 부처, 예수 등이 남긴 훌륭한 말과 교훈이 우리의 삶과 인류의 삶에 어떤 변화를 가져왔을까. 이런 교훈적인 이야기들을 계속해서 들었을 때, 가령 매주 설교나 설법을 듣고 공자의 말을 묵상한다면 과연 그로 인해 우리의 행동이 바뀔까. 만약 바뀐다면 착한 성품의 사람이기에 설교와 묵상을 통해 바뀐 것인지, 아니면 본래 성품과 상관없이 정말로 그것들을 통해 바뀐 것인지는 어떻게 알 수 있을까.

　과학적 지식이 부족하던 예전에는 지금 생각하면 아주 비상식적인 행위가 많았다. 예를 들어 예전에는 가뭄이 들면 임금부터 온 나라 사람들이 한데 모여 기우제를 지냈다. 그런데 기우제를 지낸다고 해서 과연 비가 올까? 지금으로서는 믿기 어려운 이야기지만 기우제를 지내고 나면 정말 비가 왔다. 물론 우연의 일치일 수 있다. 기우제를 올리고 비가 올 때까지 기다려서 그런 결과가 나왔을 수도 있고, 아니면 비가 오기 직전에 기우제를 지냈기 때문에 그랬을 수도 있다. 어쨌거나 비는 언젠가는 오게 되어 있으니 당시 사람들에게는 믿음이 강화되는 효과가 있었다. 아는 게 없을 때는 믿음이 곧 힘이다.

　이런 비과학적인 일들은 오늘날에도 여전히 존재한다. 이제 우리는 그런 것들을 깨달아야 한다. 그래서 이현령비현령耳懸鈴鼻懸鈴이 아닌 정확한 과학적 지식과 사고에 따라 사물과 사건을 바라보는 명확한 시선을 가져야 한다.

우리의 일상에는 사실 너무 많은 쓸데없는 이야기들이 존재한다. 예를 들어 어떤 사람이 정말 열심히 공부하고 부지런히 일해서 성공하고 나면 사람들은 "역시 일찍 일어나는 새가 벌레를 잡는 거야"라고 말한다. 이것은 결과론적인 이야기다. 결과적으로 성공했으니 그렇게 말할 수 있는 것이다.

반대로 어떤 사람이 부지런히 일했는데도 실패했다면 사람들은 "뭔가 다른 사정이 있었겠지. 하지만 어쨌든 일찍 일어난 새가 벌레를 잡는 건 맞는 말이야"라면서 그 말에 대한 믿음을 포기하지 않는다. 말장난 같을 수도 있겠으나 일찍 일어난 새가 벌레를 잡기도 하지만 일찍 일어난 벌레는 그만큼 일찍 잡혀 먹히는 경우도 허다하다.

여러 사람이 협동해서 일을 성공시키면 사람들은 "백짓장도 맞들면 낫다니까. 역시 옛말 틀린 거 하나도 없어"라고 말한다. 빈대로 여러 사람이 협동했는데 일이 실패로 끝나면 사람들은 "역시 사공이 많으면 배가 산으로 가는 법이야!"라고 말한다.

여전히 많은 사람들이 이렇게 결과만을 보고 서로 모순되는 이야기들을 끌어다 해석하기를 좋아한다. 그러나 과학에서는 이런 모순적인 논리들이 함께 존재할 수 없다. 어떤 물질이 알칼리성이라면 그것은 일관적으로 알칼리성이어야지 갑자기 산성이 될 수는 없다. 또 지동설과 천동설 중 하나가 맞으면 나머지 하나는 틀릴 수밖에 없다. 이렇게 과학에서는 서로 모순되는 것들이 양립하기 힘들다.

　모순된 논리와 지식들이 함께 존재하면서도 이상하다고 느끼지 않는 인문·사회적 직관이나 상식과는 달리, 잘못된 지식은 폐기되고 남은 지식이 점점 쌓여 발전하는 게 과학이다. 인간을 이해하는 일이 인문학의 중요한 목적이라면, 이제는 인간에 대한 과학적인 연구, 즉 심리학을 함께 안고 가야 인문학의 지평을 넓힐 수 있다고 생각한다.

인류의 변화는 어디에서 왔는가

다른 질문을 해보도록 하겠다. '인류의 변화, 세상의 변화는 어디에서 왔는가?' 환경의 변화, 우연한 사건과 우연한 발견, 지식의 축적, 과학 등에서 온 것은 아닐까.

호모사피엔스로부터 시작해서 오늘날에 이르기까지 인류에게는 엄청난 변화가 이루어졌다. 그러나 가장 압도적인 변화는 우리가 살고 있는 지금 이 시대, 최근 100년 사이에 일어났다고 해도 과언이 아니다. 그중 대표적인 변화가 인간의 수명이다.

1960년대만 해도 우리나라에는 60세 이상의 노인 인구가 많지 않았다. 그래서 60세가 되면 자식들과 일가친척들이 모여 장수를 축하하면서 환갑잔치라는 것을 했다. 환갑 이전에 생을 다하는 경우가 허다했고, 평균수명 역시 남녀 모두 60세를 밑돌았기 때문이다. 사실 우리 현생 인류는 1900년 이전까지만 해도 모든 대륙에서 평균수명이 40세를 넘지 못했고, 그렇게 수십만 년을 살아왔다. 하지만 기대 수명이 100세 시대인 오늘날 환갑잔치를 하는 경우는 찾아보기 어려울 뿐만 아니라 60대는 노인으로 취급하지도 않는다. 인간의 평균수명이 100년 사이에 두 배 이상으로 늘어난 것이다.

어떻게 이런 변화가 가능할까? 과학의 발전이 있었기에 이루어낸 변화다. 그동안 밝혀내지 못했던 바이러스, 세포, 원자, 질병 등에 대한 숱한 연구와 함께 인간의 수명도 크게 늘어난 것이다.

오늘날 대한민국의 출생률은 날로 낮아져 세계 최저 수준이다. 서울의 경우는 채 한 명도 안 낳거나 지방의 경우는 1.4~1.5명 정도를 유지한다. 부부 두 명이 적어도 두 명의 아이를 낳아야 인구가 유지된다는 측면에서 보았을 때 이는 지나치게 낮은 출산율이다. 정부에서도 문제의 심각성에 따라 다양한 출산 장려 대책을 내놓고는 있지만 대부분 실패다.

이 문제에 있어서는 좀 더 거시적인 접근이 필요하다. 인간뿐만 아니라 모든 동물의 생존 목적은 '생존 그 자체'다. 다시 말해 생존하기 위해 사는 것이다. 그리고 나만 생존하는 게 아니라 내 자식, 내 유전자와 비슷한 종족이 계속해서 생존하기를 원한다.

현재 대한민국의 출산율이 매우 낮기는 하지만 약 2030년까지는 그래도 계속해서 인구가 증가하는 추세를 보일 것이다. 출산율이 낮은데도 불구하고 한동안 인구 증가 추세가 예상되는 것은 전후세대, 즉 1950~1960년대 태어난 베이비붐 세대들의 수명이 늘어나 그때까지 생존할 확률이 높기 때문이다.

미래에는 인간의 수명이 120~130세까지 늘어날 수도 있고, 50세 정도가 되어서야 아이를 낳을 수도 있다. 의료 기술의 발달로 얼마든지 가능한 이야기다. 불과 2, 30년 전만해도 우리가 손바닥보다 작은 스마트폰으로 이렇게 많은 것을 하리라고는 상상조차 못 했던 것처럼 말이다.

인류는 개인에서부터 집단, 사회, 국가 혹은 전체 인류라는 다양한 분야에서 그 수준의 생존과 번식이라는 최종 목적에 무엇이 부합하고 무엇이 위협적인지에 대해 매우 민감하도록 설계되었거나 혹은 진화되어 왔다. 따라서 아이를 낳을 필요성을 크게 느끼지 못하는 집단 마인드가 형성되었을 수도 있다. 그러나 앞서도 이야기했듯이 인류는 생존 그 자체를 목적으로 하는 유전자를 가지고 있다. 그렇기 때문에 개인적으로는 결혼이 하기 싫다거나 아이를 낳지 않겠다고 판단할 수 있지만, 집단 전체로 봤을 때는 지금의 저출산이 그렇게까지 큰 위협은 아니라는 생각이다. 집단의 생존을 위한 전략 가운데 하나일 수 있기 때문이다. 쥐들도 넓은 공간에서 먹이가 풍부할 때는 왕성하게 번식 활동을 한다. 하지만 좁은 공간에서 개체수가 많아지면 동성끼리 성행위를 하는 쥐들이 늘어나고, 이를 통해 번식이 조절되는 결과가 나타난다.

미국의 심리학자 스키너Burrhus Frederick Skinner는 결국 선과 악의 기준도 종種의 생존survival이라는 목적과 관련이 있다고 보았다. 종족이 번식하고 생존하는 데 도움이 되는 것은 선이고, 해가 되는 것은 악이라는 논리다. 살인이나 도둑질 등은 분쟁을 일으키고 종의 생존에 도움이 되지 않기에 악한 일이고, 남을 돕고 자원을 생산하고 새로운 도전을 함으로써 비전을 제시하는 것은 종의 생존에 도움을 주는 선한 일이다.

과거 미개한 의술 등으로 생존 자체가 어려웠던 시절에는 종족의 번식을 위해 자식을 많이 낳는 것은 선이요, 그렇지 못한 것은 악이었다. 자식을 낳을 수 없는 동성애 역시 큰 죄악으로 여겼다. 하지만 인구 포화 상태인 오늘날에는 이를 법으로 인정하는 나라도 있다. 끊임없이 변화하는 환경에 적응하기 위해서는 종의 생존을 위한 기준도 변할 수 있으며, 따라서 선악의 구분도 바뀔 수 있다는 것을 보여주는 예다.

그렇다면 개인의 변화는 어떻게 일어나는가. 개인의 변화는 학습을 통해서 일어난다. 보통 경험을 통해 일어나는, 비교적 영속적인 행동상의 변화를 우리는 '학습'이라고 한다. 세대를 통해서 그리고 진화를 통해서 일어나는 변화도 있지만 개인 입장에서의 변화는 학습을 통해서 일어날 수밖에 없다. 그래서 많은 사람들이 학습을 통해 무언가 변화를 모색한다.

하지만 여기에서 착각이 발생한다. 우리는 학습의 메커니즘을 잘 모르기 때문이다. 그중 대표적인 것이 마음에 호소하는 학습 행위다. 예를 들어 많은 사람들이 담배는 백해무익하니 끊는 게 옳다고 말한다. 그러면서 금연을 하려면 일단 '마음'부터 먹어야 한다고 말한다. 그러나 세상 일이 그렇게 마음먹은 대로 술술 이루어진다면 얼마나 좋겠는가. 무엇이든 마음먹은 대로 다 이루어진다면 대부분의 사람들은 이미 담배도 끊고, 다이어트도 성공하고, 공부도 잘했을 것이다.

구글 검색창에 '성공'이란 단어를 검색해보면 성공한 사람부터 성공하는 데 필요한 습관, 방법, 지침, 비결 등에 대한 정보가 수도 없이 쏟아진다. 그 정보들만 습득하면 누구나 성공할 수 있을까. 그럴 것처럼 믿는 게 바로 착각이다.

흔히 스티브 잡스의 성공 요인으로 인문학적 창의성을 꼽는다. 그러나 이미 성공한 사람들의 이야기는 학습에 그다지 도움이 되지 않는다. 결과만 보고 인과관계를 말하는 것은 섣부른 착각일 뿐이다. 정말로 그들이 성공한 사람들의 특성이나 특징을 과학적으로 분석했는지 의문스럽다. 인문학적인 창의성을 가지고 있는 사람 중에 실패한 사람이 더 많을 수 있기 때문이다. 그만큼 성공 요인은 인과관계를 증명하기가 어렵다.

우리나라의 성공한 CEO들을 대상으로 한 조사에서 75퍼센트가 매우 부지런하다는 결과가 나왔다. 성공하려면 부지런해야 한다는 말은 살면서 귀가 따갑게 듣는 소리 가운데 하나다. 그렇다면 최근 1년간 실패한 CEO들을 대상으로 조사한 결과는 어땠을까? 95퍼센트가 회사를 살리기 위해 늘 부지런히 일했다고 답했다. 이 결과대로라면 성공하려면 부지런해서는 안 된다는 인과관계가 성립한다.

이처럼 부지런함과 성공에는 인과관계가 없다. 인과관계는 이런 단순한 조사만으로 알 수 있는 게 아니다. 그럼에도 많은 사람들이 어떤 결과에 의미를 부여하고 계속해서 그것들을 서로 연결 지으려 한다. 그것이 바로 착각illusion 혹은 착각적 상관 illusory correlation ▲이다.

우리나라 사람들 가운데 담배를 피우는 사람 500명과 피우지 않는 사람 500명을 대상으로 누가 더 병원에 많이 가는지에 대해 조사했다. 결과는 어땠을까? 일반적인 예상과 달리 담배를 피우지 않는 사람들이 병원에 더 자주 갔다. 어쩌면 당연한 결과다. 지금 병을 앓고 있는 사람보다 그렇지 않은 사람이 담배를 피우는 경우가 많기 때문이다. 그렇다고 해서 이 인과관계만으로 건강하려면 담배를 피워야 한다고 생각하는 사람은 없을 것이다.

이런 연구 결과만으로는 인과관계를 알 수 없는데도 여전히

▲ 변인들, 주로 사람이나 사건, 행동들 사이에 실제로 관계가 존재하지 않음에도 관계가 있는 것처럼 지각하는 현상을 말한다.

사람들이 착각을 한다는 게 문제다. 무언가를 먹었더니 암이 완치되었다는 식의 말을 공공연히 전파하는 사람들이 있다. 물론 그럴 수 있다. 하지만 그런 것들을 먹고 정말 그와 같은 결과를 얻었는지를 확인하려면 그에 대한 실험을 통한 증명이 우선되어야 한다.

그러나 대부분 과학적으로 그 효과가 입증되지 않은 경우가 허다하다. 정말 자신이 주장하는 그 무언가를 먹어서 나은 것인지, 아니면 다른 음식의 효과인지, 그도 아니면 저절로 나은 것인지를 알아내기 위해서는 정확하고 폭넓은 조사와 연구가 필요하다. 보통 병원에서는 특정 음식을 통한 치료 효과를 인정하지 않는다. 그럼에도 현대 사회를 살고 있는 우리는 이런 비과학적인 인과관계를 믿으며 많은 자원과 시간을 낭비하고 있다.

왜 과학적으로 사고해야 하는가

올바른 과학자라면 예측이 가능해야 한다. 이미 일어난 결과에 대해 이야기하는 것은 누구나 할 수 있는 말장난에 불과하다. 그럼에도 대중은 그런 말이라도 듣기를 원한다. 전문가에게 인과관계의 결과를 예측하게 하면 "아직까지는 이것만으로는 잘 모릅니다"라고 말하는 게 정답이다.

하지만 대중을 상대로 그렇게 말하는 전문가는 없으며, 그런 전문가를 상대로 인터뷰를 하거나 기사를 쓰는 기자도 없다. 그렇다 보니 어떤 말이라도 해주는 전문가들이 온갖 매체에 등장할 수밖에 없다. 그래야만 대중이 믿기 때문이다.

이제라도 과학적 사고를 생활화하는 게 중요하다. 과학적인 이 시대에 여전히 비과학적인 생각에 매여 있는 사람들이 많다. 이제는 과감하게 그런 사고방식에서 탈피할 필요가 있다.

과학에 대해 이야기하면 많은 사람이 불편해하는 경우가 있다. 인간은 자기가 믿고 싶은 것을 지속적으로 유지하려는 경향이 있기 때문이다. 그래서 깨우치도록 접근을 시도하면 과학이 어떻게 인간을 설명할 수 있느냐는 논리로 반박한다. 과학에 대한 알레르기가 있는 것이다. 과학으로 인해 자신의 신념이 깨지거나 위협받는 것을 원치 않기 때문이다.

그러나 실제로 과학은 그렇지 않다. 심리학자 스키너는 "과학은 사실이 자신이 원하는 것과 다른 경우라고 하더라도 그 사실을 기꺼이 받아들이려는 마음 자세다"라고 말한다. 이것이 바로 과학이며, 과학을 하는 사람의 정신이다.

그렇다면 과학의 목적은 무엇일까?

과학의 첫 번째 목적은 있는 그대로를 정확하게 기술하기 위해서다. 두 번째 목적은 왜 이런 일이 벌어지는가에 대해 설명하기 위해서고, 세 번째 목적은 미래를 예측하기 위해서다. 이것이 가치중립적인 과학의 목적이다.

예를 들어 인간의 마음을 과학적으로 연구한다고 하면 먼저 한 사람이 어떤 조건에서 어떻게 행동하는지, 그 사람의 성격, 지능, 기억력 등을 있는 그대로 기술한다. 그다음 왜 그런 현상이 나타나는지에 대해 설명한다. 그런 뒤 이러이러한 조건에서는 이렇게 될 것이라는 예측이 따라야 한다. 여기까지가 과학의 영역이며, 이런 과학적 연구를 통해 지식이 축적된다. 이렇게 '나는 누구인가'를 알기 위해서는 과학적 사고가 중요하다. 그리고 그 과학적 사고는 내가 예측했던 것과 전혀 다른 결과가 나오더라도 그것을 받아들일 수 있는 열린 마음이 있어야 한다.

인간의 마음에 대한 과학적 연구가 시작된 것은 100여 년 정도에 불과하다. 특히 최근 들어 엄청난 발전을 이루고 있다. 심리학에서의 과학적 연구로 인간에 대한 지식이 급격히 축적되고 있는 것이다. 이런 속도의 발전이라면 100년 뒤에는 인간에 대해 얼마나 더 많은 것들을 알게 될지 흥미롭기만 하다.

마음은 어떻게 작동하는가

|

또 다른 질문을 해보겠다. '나는 어떻게 생각하는가?' 나를 이해하기 위해 필요한 질문이다. 심리학 중에 생각에 대해 연구하는 분야가 있다. 바로 인간의 생각하는 방식, 생각의 기제, 메커니즘 등을 연구하는 인지심리학이다. 쉽게 말해 '인간의 생각'을 '생각'하는 분야라고 할 수 있다.

인간의 생각하는 기관, 마음의 기관은 곧 뇌다. 우리는 일단 뇌를 통해 생각이라는 것을 한다. 지금까지의 연구 결과로는 뇌가 없이 생각한다는 것은 불가능하다. 인간의 생각(행동)과 뇌의 관계를 연구하는 학문이 인지신경과학cognitive neuroscience이다. 뇌를 연구하는 '신경과학'과 생각을 뜻하는 '인지'가 합쳐진 학문이다.

우리가 보통 '생각'이라고 하면 로댕의 〈생각하는 사람〉처럼 무언가 골똘해 있는 것을 떠올린다. 물론 이것 역시 생각이다. 하지만 우리가 하는 생각의 많은 부분은 그와는 조금 다른 차원이다.

예를 들어 누군가 갑자기 나에게 "너 지금 발가락 어때?" 하고 물으면, 아무 의식 없이 있다가 갑자기 내 발가락에 대해 의식하게 된다. 이것이 생각이다.

사실 우리가 하는 말, 인간의 말은 곧 공기의 진동이자 파장이다. 공기의 파장이 귀로 들어와 청각 세포를 움직여 뇌 활동을 일으키는 것이다. 읽고, 보고, 듣고, 움직이는 이런 행위들은 아주 중요한 생각의 시작이다. 인간은 태어나면서부터 이런 감각적인 정보들, 즉 보고, 듣고, 만지고, 느끼는 것들이 있었기에 생각이 가능해졌다. 우리의 뇌 활동은 이런 감각에 많은 부분을 할애한다. 만에 하나 이런 감각과 관련한 뇌의 일부에 아주 작은 손상만 생겨도 그 기능은 상실된다.

예를 들어 계단을 오르내리다 보면 높이나 넓이가 조금 다른 칸에서 순간 삐끗할 때가 있다. 왜 그럴까? 우리의 뇌는 시각적으로 이 정도 깊이의 계단에서는 이 정도로 발을 디디면 된다고 계산한다. 그리고 그 계산대로 발을 디뎠는데 계단의 높이나 넓이가 다르면 삐끗하게 되는 것이다. 우리가 매번 인지하지 않는 것일 뿐, 인간의 뇌는 끊임없이 계산을 해내는 놀라운 능력을 가지고 있다.

보는 감각도 마찬가지다. 예를 들어 다양한 모양과 글씨체로 쓴 수십 개의 '가'를 보여주었을 때 우리의 뇌는 그것이 모두 '가'라는 것을 알아차린다. 어떻게 그것이 가능할까.

흰 바탕에 검은색으로 '가'라는 글씨가 써 있다고 가정해보자. 이 검은 얼룩이 우리의 눈을 통해 눈 뒤에 있는 망막retina에 떨어진다. 이 망막에는 빛에 대해 반응하는 감광세포라는 게 있다. 다양하게 쓰인 각기 다른 '가'를 볼 때마다 빛의 패턴에 반응하는 감광세포의 조합이 달라진다. 또 같은 '가'일지라도 가까이서 볼 때와 멀리서 볼 때 망막에 맺히는 상像의 크기가 달라진다. 그래서 무한대에 가까운 '가'라는 글자와 관련한 패턴이 뇌에도 무한대로 입력되는 것이다. 그 입력된 시각 정보를 받아들인 뇌는 각기 다른 모양의 '가'를 보고도 그것이 '가'라는 것을 알아차린다.

심리학자의 역할은 우리가 무슨 생각을 하고 있는지를 연구하는 게 아니라 인간의 인식 과정을 알아내는 것이다. 인간의 인식은 생각을 통해 가능하며, 대상을 인식하는 게 바로 마음의 시작이다.

그런데 우리는 우리의 뇌가 어떻게 인식하는지에 대해 알지 못한다. 마치 늘 사용하고 있는 심장이나 폐에 어떤 일이 벌어지고 있는지 모르는 것과 같다. 마음의 기관인 뇌를 쓰고는 있지만 그 뇌가 어떻게 작동하는지 모르는 것이다. 심리학자는 바로 그 마음의 작동 과정을 연구한다.

인간의 뇌는 우리가 생각하는 것보다 훨씬 더 뛰어난 능력을 가지고 있다. 그래서 그중 아주 미세한 부분만 고장이 나도 색이나 모양을 못 보거나 사물의 위치를 가늠하지 못하는 엄청난 일들이 일어난다.

인간의 대뇌 신피질은 전두엽과 후두엽, 측두엽, 두정엽으로 이루어져 있다. 눈으로 들어온 시각 정보는 일차 시각 피질이 있는 후두엽으로 전달되고, 이들 시각 정보는 그 정보의 유형에 따라 두 개의 경로, 즉 측두엽과 두정엽으로 이어지는 경로로 전달되어 처리된다. 두정엽으로는 시각 정보의 위치, 움직임 등의 정보들이 전달되며, 이것을 'Where(어디)' 경로라고도 한다. 측두엽으로는 형태나 색깔 등의 정보가 전달되며, 이것을 'What(무엇)' 경로라고도 부른다.

이 두 개의 경로가 손상되면 각기 다른 증상을 보인다. 먼저 'What' 경로, 즉 후두엽에서 측두엽으로 가는 시각 경로가 손상되면 사물을 잘 알아보지 못한다. 그중에서도 우측이 손상되면 전반적인 형태 인식이 불가능하고, 좌측이 손상되면 자세한 형태 인식이 불가능하다. 숲도 보고 나무도 보아야 하는데 우측이 손상되면 숲을 보지 못하고, 좌측이 손상되면 나무를 못 보는 것과 같다. 다시 말해 숲은 보는데 나무는 보지 못하거나, 나무는 보는데 숲 전체를 보지 못하는 상태를 초래한다.

그다음 'Where' 경로, 즉 후두엽에서 두정엽으로 가는 시각 경로가 손상되면 위치 정보가 사라진다. 이때 가장 먼저 나타나는 증상이 무시증neglect syndrome이다.

무시증은 시야의 절반을 알아보지 못하는 증상이다. 우리의 신체를 보면 우측 신체는 좌측 뇌가 담당하고, 좌측 신체는 우측 뇌가 담당한다. 그래서 우측 뇌가 손상되면 좌측 신체에 이상이 생기고, 좌측 뇌에 손상이 오면 우측 신체가 제대로 기능하지 못한다.

시각도 마찬가지다. 응시점을 기준으로 우측에 보이는 정보는 좌측 뇌로 전달되고, 좌측 시야에 있는 시각 정보는 우측 뇌로 전달된다. 그래서 우측 뇌의 'Where' 경로가 손상되면 좌측 시야에 보이는 것에 대한 의식이 아예 사라진다.

안 보이는 것과 의식이 사라지는 것에는 분명 차이가 있다. 우측 후두엽의 시각 피질 영역이 손상되면 좌측이 안 보여서 마치 시야가 좁아진 것과 같은 느낌을 갖게 된다. 그러나 우측 두정엽의 'Where' 경로가 손상되면 좌측 시야의 시각 정보에 대한 의식 자체가 사라져서 아예 '없다'고 생각하게 된다.

이 두 유형의 환자가 식사를 하는 것을 지켜보면, 먼저 우측 시각 피질이 손상된 환자의 경우는 식사를 할 때 자신의 좌측 시야가 안 보인다는 것을 알고 눈이나 고개를 돌려 왼쪽과 오른쪽에 있는 모든 반찬을 다 보면서 먹는다. 반면에 우측 두정엽이 손상된 무시증 환자는 왼쪽의 반찬을 먹지 못한다. 왼쪽에는 아예 반찬이 없다고 생각하는 것이다.

내가 담당했던 환자 중에 불행하게도 양쪽 두정엽이 모두 손상된 경우가 있었다. 보통은 그런 경우 아무것도 안 보일 것이라고 생각한다. 그런데 이런 환자의 독특한 증상 중 하나는 한 번에 하나는 본다는 것이다.

예를 들어 펜과 노트를 같이 보여주면서 뭐가 보이느냐고 물으면 처음에는 펜만 보인다고 대답한다. "노트는 어디 있죠?"라고 물으면, "노트는 안 보이는데요"라고 대답한다. 그러고는 한참이 지나서 노트가 보인다고 말한다. "그럼 펜은요?"라고 물으면 "펜은 안 보이는데요"라고 대답한다. 그러다 다시 펜이 보이면 노트는 보이지 않게 된다. 비록 펜이 보인다고 해도 그것을 손으로 잡아보라고 하면 잘 잡지 못한다. 왜냐하면 그 펜이 어디에 있는지 모르기 때문이다. 즉 좌우 반구의 'Where' 경로가 손상되면 동시에 여러 개의 사물을 볼 수 없게 되며, 보이는 하나의 사물 역시 그 위치를 알지 못하는 증상을 보인다. 이를 동시실인증同時失認症, simultanagnosia이라고 한다.

잘 걷고, 잘 보고, 잘 듣고 하는 우리의 이런 행위들은 사실 굉장히 놀라운 능력이라고 할 수 있다. 우리의 마음, 생각이라는 것은 일종의 뇌의 정보처리 과정이다. 그리고 그 정보들 가운데 우리가 의식하는 것은 극히 일부다. 나머지 많은 부분은 우리가 의식할 수 없는, 즉 무의식적인 정보처리이며 무의식적인 마음이다.

이 무의식은 프로이트가 말하는 억압된 본능이나 욕구가 주를 이루는 정신분석학적 무의식과는 다르다. 여기서 말하는 무의식은 체계적 관찰과 검증이 가능한 인지심리학적, 인지신경과학적 무의식이다. 정신분석은 이에 비해 검증하기 어려운 비과학적 요소를 많이 가지고 있다.

우리가 의식할 때는 손톱 밑에 조그마한 가시만 박혀도 "아야!" 하며 알아챈다. 모니터링을 하는 신경계가 있기 때문이다. 하지만 의식하는 뇌가 없으면 머릿속에 종양이 있어도 모를 수밖에 없다. 우리의 감각기관을 통해 들어온 모든 정보를 우리가 의식적으로 자각할 수 있으려면 우리의 뇌는 엄청나게 커져야 할지도 모른다. 하지만 커다란 뇌를 가지고 태어나는 일은 10만 년 이상 제왕절개를 몰랐던 우리 호모 사피언스에게는 매우 위험한 일이었을 것이다.

  사실 우리가 매일 경험하는 많은 일들은 우리가 의식하지 못한 상태에서 처리되고 저장(기억)되기도 한다. 어쩌면 우리가 경험하는 모든 정보를 의식하는 일은 뇌가 효율적으로 정보를 처리하고, 우리가 생존하는 데 도움이 되지 않을 수 있다. 우리가 경험하고 사용하는 많은 정보들 중에 무엇을 의식하고 무엇을 의식하지 않을 것인지는 두개골 안의 한정된 뇌 공간에서 생존에 적합하게 진화되었을 것이다.

무의식의 세계가 삶에 끼치는 영향
|

우리는 내 눈앞에 보이는 모든 것을 말 그대로 다 '본다'고 착각한다. 하지만 인간은 눈으로 들어오는 모든 것을 다 의식하지 못한다. 우리 눈에 보인다고 다 보는 것은 아니라는 말이다. 더군다나 우리가 어떤 특정 정보에 집중하면 그것만을 선택하기 때문에 그 외의 다른 정보들은 놓칠 수밖에 없다. 그럴 때는 눈앞에 아무리 큰 물체가 지나쳐도 정보를 받아들이기가 어렵다.

  예를 들어 급작스레 빨간색 티셔츠가 필요해서 옷가게에 들어갔다고 가정해보자. 당신의 눈은 빨간색 티셔츠를 찾는 데 집중할 것이다. 그리고 재빨리 옷을 찾아 구매한 뒤 상점 밖으로 나왔는데 옆에 함께 있던 친구가 "너 혹시 빨간 티셔츠 옆에 있던 노란 블라우스 봤어?" 하고 물으면 당신은 십중팔구 "노란 블라우스? 거기 그런 게 있었어?"라는 반응을 보일 것이다.

또 회의실에서 상사가 아무리 큰 소리로 이야기를 해도 머릿속으로 '오늘 점심은 뭘 먹지?' 하는 생각을 하고 있다면 상사의 말소리는 귀에 들어오지 않는다. 의식을 못 하는 것이다. 인간은 선택한 정보만 의식할 수 있다. 그리고 그 선택한 정보만이 뇌에 저장된다. 그것이 바로 '기억'이다. 정보를 인식하고, 선택하고, 기억하고, 그 기억된 정보를 토대로 추론하고 판단하며 문제를 해결하는 이런 일련의 행위들이 바로 생각의 과정이다.

얼룩덜룩한 네 개의 원이 있다고 가정해보자. 그런데 이 네 개의 원이 어디에 놓이느냐에 따라 전혀 다른 원으로 보일 수 있다. 예를 들어 흰색 배경 위에 놓인 원은 마치 맑은 하늘에 검은 원처럼 보이고, 검은색 배경 위에 놓인 원은 어두운 하늘에 하얀 원처럼 보인다. 배경 때문에 다르게 보이는 착시 효과다. 그만큼 배경을 떠나 하나의 대상만을 있는 그대로 보기는 어렵다.

시각적인 정보처리만큼이나 우리의 사회적인 정보 인식 역시 크게 다르지 않다. 우리는 누군가를 판단할 때 그 사람의 배경은 물론 신념, 비교 대상, 그 사람이 놓인 상황, 그 사람을 둘러싼 틀과 같은 것들에서 결코 자유롭지 못하다.

무엇을 가정했는가, 어떤 경험을 했는가, 어떤 정보를 선택했는가에 따라 같은 대상, 같은 사건을 대하면서도 보는 눈과 해석이 달라지고, 그것들은 종종 왜곡된 생각과 판단으로 이어지기도 한다. 그리고 그런 경험들이 굳어지면 인간은 쉽게 바뀌지 않는다. 세상을 보는 눈이 달라져버리는 것이다.

우리가 보고 듣고 느끼고 판단하는 것, 즉 우리의 생각, 우리의 마음은 매우 가변적이며 상대적이고 비합리적이다. 우리의 뇌는 컴퓨터처럼 들어온 정보를 그대로 받아들이지 않고 변형시켜 저장한다. 그래서 똑같은 것을 보고서도 어떤 것을 선택하느냐에 따라 서로의 기억이 달라진다.

우리가 사건이 일어난 현장의 목격자라고 가정해보자. 우리는 법정에 서서 우리가 본 것을 얼마나 확실하고 분명하게 증언할 수 있을까. 많은 경우 우리의 기억은 착각에 빠진다. 왜 그럴까.

우리의 뇌는 우리 눈으로 들어온 정보를 그대로 저장하는 게 아니라 과거의 경험에 의해 변형시키기도 하고, 새로운 경험에 의해 기존의 기억을 변형하거나 갱신시키기 때문이다. 그 과정에서 보지 않은 것도 본 것처럼 착각할 수 있다. 그리고 시간이 지날수록 그 착각을 더욱 확신하게 된다. 기억뿐 아니라 인간의 인식 과정에는 수많은 판단 오류도 발생할 수 있다.

이처럼 우리의 뇌는 놀라운 능력을 가지고 있지만 무엇에 집중하느냐에 따라 선택한 정보만 인식하게 된다. 따라서 인간의 생각과 마음은 상대적이고 비합리적일 수 있다.

심리학에 유명한 실험이 있다. 파블로프의 조건 반사 실험이다. 주인이 개에게 밥을 줄 때마다 딸랑딸랑 종소리를 울리면 개는 그 종소리만 들어도 침을 흘린다는 조건 반사를 발견한 실험이다.

사실 침이 분비되는 것은 자율신경계다. 침은 흘리겠다고 작정한다고 해서 가능한 일이 아니다. 그러나 레몬을 입에 넣었다고 생각하면 나도 모르게 순식간에 입이 침이 고인다. 레몬과 신 맛의 연합으로 인해 가능한 것이다. 마찬가지로 종소리가 울린다고 무조건 침을 흘리는 개는 없다. 딸랑딸랑 하는 종소리와 먹이를 연합한 반복적인 경험이 있었기에 먹이가 없어도 침을 흘리게 되는 것이다.

매일 아침마다 자녀들한테 성실해야 한다, 정직해야 한다고 이야기하면 정말 자녀들이 그렇게 자라날까? 실제로 그런 이야기를 듣고 자라는 아이들 중에는 정직한 아이들도 있고 그렇지 않은 아이들도 있다. 또 그런 이야기를 듣지 않고 자란 아이들 중에도 정직한 아이가 있고 그렇지 않은 아이가 있다. 그러니까 결과론적으로 "내가 그런 이야기를 했기 때문에 우리 아이가 정직한 거야"라고 말할 수는 없다는 것이다.

2004년에 폴 왈렌Paul J. Whalen이 한 흥미로운 실험이 있다. 참가자들에게 의식할 수 없는, 0.017초의 아주 짧은 순간 동안 눈동자가 담긴 화면을 보여준 뒤 이어서 한 사람의 얼굴을 보여주고는 이 얼굴이 여자인지 남자인지를 판단하게 하는 실험이었다.

눈동자만 담긴 화면은 얼굴 화면이 나타나기 전에 매우 짧은 순간 나타났다 사라지기 때문에 참가자들은 화면에 눈동자가 나왔는지조차 알 수 없으며, 나중에 나타난 얼굴만 인식할 뿐이다.

눈동자 화면은 두 종류인데 하나는 공포에 놀란 눈동자였고, 다른 하나는 평온한 눈동자였다. 비록 참가자들은 어떤 눈동자가 나타났는지 전혀 알지 못했지만 놀랍게도 이들의 뇌에서는 순간적으로 제시된 눈동자가 공포에 놀란 눈동자인지, 아니면 평온한 눈동자인지에 따라 각기 다른 반응을 보였다. 무서운 눈동자를 보여준 참가자들에게서 정서를 담당하는 편도체가 더 활성화 되는 결과가 나타난 것이다. 이는 의식적 자각 수준 이전부터 우리의 정서 시스템이 작동한다는 것을 보여주는 예다.

이렇게 우리의 많은 행동은 여러 가지 무의식적인 정보처리 과정에 영향을 받는다. 따라서 나를 알기 위해서는 의식적으로 자각할 수 있는 내 감정이나 기억, 생각 등을 되돌아보는 것도 필요하지만, 의식적으로 자각하지 못했지만 겉으로 나타나는 나의 행동들을 잘 관찰하는 것도 필요하다. 때로는 내 주변 사람들이 내가 못 보는 나를 더 잘 관찰할 수도 있다.

우리의 생각, 즉 정보처리 과정에는 선택되는 정보만 저장되며, 그것이 바로 기억이다. 그리고 그 기억의 상당수는 우리가 의식할 수 없는 것, 즉 무의식적인 것들이다.

예를 들어 오늘 점심에 무엇을 먹었고, 어제 어떤 친구를 만났느냐 하는 것들은 의식적인 기억으로 사건이나 사실들로 이루어진 외현적 기억이다. 반면 자전거, 골프, 수영을 배우는 것처럼 운동 기술을 익히거나 보고 듣고 만지는 것 등의 감각적인 정보들을 접하고 그 정보들의 흔적을 뇌에 자동으로 저장하는 무의식적인 학습과 습관을 암묵 기억, 절차 기억이라고 한다.

우리가 알지 못하는 사이에 판단의 근거가 되는, 자극에 대한 반복적인 노출과 경험에 의한 점화, 습관, 운동 학습 등은 의식적인 노력과 무관하게 자동적이며 무의식적으로 저장되어 우리 삶에 지대한 영향을 끼친다.

알지 못했던 나, 무의식의 나를 만나기 위해서는, 첫째 나 자신이 얼마나 놀라운 존재인가를 깨닫는 것에서부터 시작한다. 나 자신 그리고 우리 인간은 모두 놀라운 능력을 지니고 있다. 가족과 친구들의 얼굴을 쉽게 알아보고, 집도 잘 찾아가고, 방 청소나 책상 정리도 제법 잘한다. 이런 일들을 최첨단 로봇에게 대신하게 하려고 수많은 과학기술자들이 연구에 매달려 애를 쓴다. 반에서 꼴찌를 하는 아이라고 해도 인간에게는 알파고나 슈퍼컴퓨터가 도저히 흉내 낼 수 없는 무한한 능력이 있다. 우리가 비록 대부분을 의식할 수는 없어도 우리의 놀라운 뇌가 수행하는 능력들이다. 그러니 감사하고 즐겨라.

둘째, 인간의 마음과 감정에 대해 좀 더 과학적으로 사고하라. 그러기 위해서는 신념과 증거를 구분하는 훈련과 과학적 접근에 대한 이해가 필요하다.

셋째, 현명한 판단을 위해 의식적 자각 없이 형성되는 마음과 행동의 중요성을 인식하라. 우리의 행동을 결정하는 습관과 학습은 대부분 경험을 통해 무의식적으로 형성된다. 그러므로 자동적으로, 무의식적으로 저장되고 처리되어 우리의 태도나 판단에 영향을 주는 정보가 무엇인지를 파악할 수 있어야 한다.

동일한 사람에 대해 평가를 할 때, 평가위원에게 푹신한 의자에 앉게 했을 때와 딱딱한 의자에 앉게 했을 때의 평가가 다르다는 실험 결과가 있다. 딱딱한 의자에 앉은 평가위원이 푹신한 의자에 앉은 평가위원에 비해 점수를 더 낮게 주는 경향이 있으며, 이런 일 또한 무의식적이고 자동적으로 일어난다. 내 주변 환경의 다양한 정보들이 의식적 자각 없이 자동적으로 처리되어 판단에 영향을 끼치는 것이다. 마찬가지로 같은 상대일지라도 내가 차가운 음료를 들고 있느냐 혹은 따뜻한 음료를 들고 있느냐에 따라, 즉 내 손에 전달되는 음료의 냉기나 온기에 의해 상대방에 대한 인상이 달라질 수 있다.

이런 무의식에 가장 큰 영향을 끼치는 게 곧 경험이다. 사람마다 노출된 자극과 경험이 다르듯이 무의식도 다르다. 쌍둥이라고 해도 무의식은 다를 수밖에 없다. 또 의식이 먼저 발현되고 무의식이 있는 게 아니라 두 가지가 동시에 존재한다. 또 어떤 경우에는 의식적인 부분 안에 무의식이 포함될 수도 있고, 무의식적인 부분이 나중에 어떤 의식으로 드러나기도 한다.

예를 들어 우리가 공부를 하는 것은 의식적인 부분이다. 기억 부분 중에서도 에피소딕 메모리episodic memory, 일회적 기억, 시멘틱 메모리semantic memory, 의미 기억가 대표적인 의식적 기억이다. 그런데 그 안에는 무의식적인 요소들도 포함되어 있다. 참고로 인간은 이런 무의식적인 기억들을 어떤 노력이나 수고 없이 더 잘 기억한다는 특징이 있다. 그것들이 우리 생존에 더 중요하기 때문이다. 그래서 만약에 공부가 우리 생존에 절대적으로 필요한 것이라면 조금 더 쉽게 학습이 가능할 것이다. 하지만 생존과 크게 상관없는 일이다 보니 억지로 할 수밖에 없고, 당연히 힘들 수밖에 없다.

그런 것들을 연구하는 분야가 바로 인지심리학이다. 인지심리학에서 다루는 주제는 인간이 어떻게 사물을 인식하고 주의를 기울이고 기억하며, 그 기억된 정보를 이용해서 어떻게 판단을 내리고 의사를 결정하고 추론하고 문제를 해결하느냐 하는 것이다.

프린스턴대학교의 인지심리학자 대니얼 카너먼 교수는 인간이 의사 결정을 하는 데 이런 요소들이 매우 중요하게 작용한다고 이야기한다. 특히 경제적인 상황에서는 더욱 그렇다. 예를 들어 똑같은 100만 원이라도 내가 얻을 때의 100만 원과 잃을 때의 100만 원은 그 가치가 다르다. 같은 금액이라도 상황에 따라서 인간이 느끼는 가치는 다르기 때문이다. 인간이 합리적이라고 가정하고 만들었던 많은 경제 이론들이 실제 경제에 잘 맞지 않는 이유가 바로 거기에 있다. 인간의 심리를 경제학에 접목시킨 공로로 대니얼 카너먼 교수는 노벨 경제학상을 받았다.

사람의 얼굴을 인식하는 로봇을 만들려면 심리학자가 반드시 필요하다. 뿐만 아니라 탱크나 비행기 등을 만들 때도 각각의 작동 부분들을 어떻게 배열하고 디자인하는 게 가장 효율적으로 정보를 처리할 수 있는지 고심하게 되는데, 이때도 당연히 심리학자가 필요하다.

우리 기억의 과정적인 측면을 보면 먼저 인코딩encoding, 즉 부호화符號化시킨 다음 이것을 저장한 뒤 다시 인출한다. 은행에 돈을 예금해 맡겨두었다가 필요할 때 다시 인출하는 것과 비슷하다. 그런데 부호화할 때의 맥락과 인출할 때의 맥락이 비슷하면 인출이 좀 더 쉬워진다.

우리가 보통 '최면'이라고 하는 행위를 통해 전생을 보았다고 이야기하는 것은 사실 과학적으로 근거 있는 이야기는 아니다. 하지만 최면의 방식을 통해 하나의 사건, 그때 그 상황으로 몰입하는 것은 가능하다. 예를 들어 그때 어떤 옷을 입었고, 바람이 어떻게 붙었으며, 기분이 어땠는지 인코딩 당시의 상황으로 몰입해 들어가면 자동차 번호판의 숫자를 떠올리는 등의 기억을 끌어낼 수 있다. 그래서 어떻게 하면 기억을 더 효율적으로 할 수 있는가 하는 문제를 고민하지 않을 수 없다.

케임브리지대학교의 존 던John Donne 교수는 "지식의 섬이 커질수록 미지의 해안선이 늘어난다"고 말한다. 실제로 새로운 것들을 연구하고 알아갈수록 모르는 게 점점 더 많아진다. 무언가에 대해 알면 알수록 새로운 질문들이 생겨나기 때문이다. 지식이 적을 때는 모르는 것도 그만큼 적다고 느낀다. 인간의 마음에 대한 과학적 사고를 통해 자신을 새롭게 발견함과 동시에 자신에 대해 모르는 것도 많다는 것 또한 깨닫기를 바란다.

나 자신이 얼마나

놀라운 존재인가를 깨달아라.

인간의 마음과 감정에 대해

과학적으로 사고하라.

현명한 판단을 위해

의식적 자각 없이 형성되는

마음과 행동의 중요성을 인식하라.

알지 못했던 나,

무의식의 나를

만날 수 있을 것이다.

SPECTRUM

05

내 탓인가, 뇌 탓인가
마이클 가자니가

Michael S. Gazzaniga

인지신경과학의 창시자로 불리는 세계적인 뇌과학자이자 심리학자이며, 샌타바버라 소재 캘리포니아대학교UCSB 심리학과 교수다. 1961년 다트머스대학교를 졸업하고, 1964년 캘리포니아 공과대학교에서 심리학 박사학위를 취득했다. 다트머스대학교 심리학과 교수와 인지신경과학센터 소장, 미국 심리학회장, 미국 대통령 생명윤리자문위원회 위원을 역임했으며, 뇌과학자 양성을 위해 데이비스 소재 캘리포니아대학교UC Davis와 다트머스대학교에 인지신경과학센터를 설립했다. 자신의 연구를 전문적인 영역에만 가두지 않고 대중에게 쉽고 친절하게 소개하고자 많은 노력을 기울였으며, 이런 취지에서 그의 연구 성과는 〈*The Brain and the Mind*〉라는 TV 다큐멘터리 시리즈로 제작되기도 했다.

저서로는 인지신경과학도들의 교과서인 『*Cognitive Neuroscience*』와 『왜 인간인가?』『뇌, 인간의 지도』『뇌는 윤리적인가』 등이 있다.

현대인이라면 누구나 흥미를 가질 법한 주제, '내 탓인가, 뇌 탓인가'라는 주제로 이야기를 해보려 한다. 그리고 그 답에 따라 사법 체계를 어떻게 운영해야 하고, 사회 규범을 위반한 사람들을 어떻게 처벌해야 할지도 생각해볼 것이다.

우리는 자기 행동의 주체가 나 자신이라고 생각한다. 예를 들어 손을 움직일 때도 내가 움직이는 것이지 산타클로스가 움직여주는 게 아니라고 믿는다. 그러나 이런 믿음은 사실 착각에 불과하다. 이런 착각은 우리가 늘 경험하는 현상이다. 우린 그것이 착각이라는 것도 알고, 왜 그런 착각을 하는지도 안다. 하지만 그것을 안다고 해서 생각이 변하지는 않는다. 보이는 대로 믿기 때문이다.

착시 현상의 고전적인 예를 하나 들어보자. 로저 셰퍼드Roger Shepard의 유명한 착시 그림이 있다. 오른쪽에는 세로로 길어 보이는 테이블이, 왼쪽에는 가로로 약간 길어 보이는 테이블이 나란히 놓여 있는 그림이다. 오른쪽에 놓인 테이블이 왼쪽 것보다 길이는 짧고 폭은 넓어 보이지만 실제로 두 테이블의 크기는 똑같다. 그럼에도 우리의 눈은 착시 현상에서 빠져나오지 못한다. 그만큼 우리는 우리 뇌의 활동에 대해 철저히 무지하다.

인간의 행동은 무엇으로 결정되는가

우리가 하는 대부분의 행위는 무의식적으로 일어나기 때문에 우리는 인식조차 하지 못한다. 뇌는 자동 장치라서 자기가 세운 전략에 따라 스스로 움직인다. 뇌는 생겨날 때부터 많은 기능을 가지고 태어난다. 풀 옵션을 갖춘 자동차라고 할 수 있다. 자신만의 입장이나 선호가 내재해 있고, 추론 능력이나 사물을 인식하는 능력도 있다. 그리고 여기에 우리가 평생 살아가면서 얻는 지식이 채워진다. 이런 행동을 하면 어떻게 되고, 저런 행동을 하면 어떻게 되는지를 경험하면서 지식이 쌓이는 것이다.

이를 통해 어떤 행동이 좋은지 나쁜지를 판단하게 되고, 다른 분야의 비유를 듣고 고민하던 주제의 답을 찾기도 한다. 이런 것들은 우리 뇌가 매일 행하는 아주 일반적인 기능이며, 평생 동안 이어진다. 그러면서 온갖 정보가 업로드된 엄청난 컴퓨터가 되는 것이다. 그래서 어떤 질문을 스스로에게 던지면 뇌는 최선을 다해 판단한 뒤 그 질문에 대한 답을 찾는다. 만약에 그렇지 못하면 뇌 안에 있는 해석기가 대신 나서서 이야기를 지어 내준다.

그렇다면 우리가 말하는 '자유의지'란 무슨 뜻일까? 이 문제에 대해 고민한 철학자들은 몇 가지 정의를 내렸다.

"인간 행동은 개인적인 선택의 표현이지 물리적 힘이나 운명, 신에 의해 결정되지 않는다."

"당신에게 명령하는 것은 당신 자신의 자아다. 뇌에 있는 지휘 사령부다."

"인간에게는 인과관계로부터 달아날 특별한 자유가 있다."

"행동하는 것은 당신 자신이다."

내 안에 작은 사람이 들어 있어서 손을 움직이게 하고, 걷게 하고, 생각하게 하는 등 나를 조종한다는 것이다. 결국 '나'가 한다는 말이다. 이것이 바로 내가 모든 의사를 결정한다고 생각하는 착각이다. 영화 〈맨 인 블랙〉에도 이와 같은 장면이 묘사되어 있다. 귀를 만지자 머리가 열리면서 그 안에 작은 생명체가 나타난다. 지난 2000년간 논의되어 온 인류의 근원적인 질문, 즉 책임자가 누구냐는 이 질문을 할리우드 영화에서도 하고 있는 것이다. 우리 안에 있는 작은 사람이 책임자라는 게 이들의 주장이다.

현대 과학자들은 우리 시대가 더욱 정교한 로봇을 개발하는 길로 접어들었다고 생각한다. 그리고 이런 로봇을 움직이는 프로그램에 어떤 '마법의 회로'가 추가될 날이 올 것이다. 그렇게 되면 로봇에게 자유의지까지 부여할 수 있을지도 모른다.

여기서 의문점이 하나 생긴다. 우리에게 정말 자유의지가 있을까? 또 그 자유의지는 무엇으로부터의 자유일까?

나는 자유의지가 쓸모없는 개념이라는 주장을 펼칠 것이다. 뇌는 기계적으로 작동하고 우리의 정신을 지배하기 때문이다. 나의 모든 것을 주관한다고 생각하는 '나'라는 개념은 사실 많은 정보들이 뇌 전역에서 동시에 처리되는 병렬 분산적인 작용이다. 또한 뇌는 자동적이다. 하지만 책임은 여전히 우리에게 있다는 게 나의 주장이다.

이 두 가지가 어떻게 논리적으로 연결되는가 하는 것은 모든 인류와 문화가 오랫동안 고민하고 애써온 사상이자 문제다. 인간의 의식이라는 개념을 설명할 때 크게 세 가지 사상으로 나누어 볼 수 있다.

고대 이집트에서는 인간과 자연을 하나로 보았다. 2500년 전의 이집트인들은 나일 강을 사람과 동등하게 취급했다. 그래서 나일 강이 범람하면 강이 분노한 것이라고 생각했다.

그다음으로 나타난 그리스 문명은 이에 반대했다. 강은 2인칭의 대상이 아니라 3인칭인 사물이라는 주장이었다. 그러면서 강물의 범람이나 인간의 행동 등을 객관적으로 연구했다. 그리스인들은 뇌가 아닌 육체에서 우리의 정신이 발생한다고 주장했다. 그리고 사후 세계를 부정했다.

그다음 오랜 시간이 흘러 데카르트가 나타났다. 데카르트는 뇌와 더불어 정신을 실체로 간주했다. 정신은 비물질이지만 뇌와 특별한 체계로 연결되어 있다고 본 것이다. 그러면서 육체와 영혼의 개념을 분리해서 받아들였다. 동시대 학자들은 뇌가 정신을 생성하는 것이라며 이를 반박했다. 이처럼 2500년에 걸쳐 이원론적 관점과 이원론이 아닌 관점, 뇌가 정신을 만들어내지만 영혼은 몸을 떠난다는 관점의 세 가지 사상이 형성됐다.

그리고 현대로 넘어와 1962년, 바티칸에서 신경과학의 이정

표를 세운 첫 번째 회의가 개최됐다. 세계 최고의 신경과학자 세 명이 한자리에 모였는데, 그중 노벨 생리의학상을 받은 오스트레일리아의 생리학자 존 에클스John Eccles가 뉴런과 뇌 사이를 이어주는 시냅스의 작용을 밝혀냈다. 그 역시 이원론자라서 정신은 비물질이며 뇌와 연결된다고 주장했다. 어느 부위가 연결되는지는 데카르트와 생각이 조금 달랐다.

또 한 명은 나의 스승인 로저 스페리Roger Sperry다. 그는 뇌의 창발성이 정신 상태를 만들어내고, 이것이 뇌 구조에 영향을 끼친다고 주장했다.

마지막으로 영국의 물리학자이자 신경과학자인 도널드 맥케이Donald Mackay는 뇌의 기능에 관해 가장 정확한 이론을 내놓은 사람이다. 그는 기술자에 가까운 물리학자였다. 뇌의 구성을 분석한 그의 이론은 오늘날까지도 유지되고 있다. 도널드 맥케이는 영혼을 믿었고, 그래서 죽으면 영혼이 떠나간다고 생각했다. 이렇게 인간 의식에 관해서는 세 가지 아주 다른 견해가 오래전부터 현재까지 이어지고 있다.

그런데 사상에는 결과가 있기 마련이다. 3, 4년 전, 교황청 학술원 소속인 과학원에서 전 세계 뇌과학자들을 불러 모아 회의를 주재했다. 그리고 결정론은 어디서 기원한 것이며, 개인적 책임을 아는 게 얼마나 중요한지에 대해 논의했다. 나는 이 결정론적 주장들을 살펴보면서 이를 어떻게 판단해야 할지 생각하고, 결정론과 법의 상관관계를 알아보려 한다.

자유의지와 사회적 책임

지금으로부터 2000여 년 전, 고대 로마의 시인이자 철학자인 루크레티우스Titus Lucretius Carus도 결정론적 태도를 보였다. 그는 이렇게 질문했다.

> 모든 움직임이 서로 연결되어 있다면, 결정적인 질서에 따라 이전의 것에서 새것이 발생한다. 만약 원자가 운명의 굴레를 끊어버릴 새로운 움직임을 만들어내기 위해 궤도를 이탈하지 않는다면 지구의 모든 생명체에 존재하는 자유의지의 근원은 무엇이란 말인가?

이에 대한 루크레티우스 자신의 답은 "원자는 이탈한다!"였다. 비록 세상을 결정론적인 시각으로 보기는 했지만 이 문제에 대한 그의 해결책은 "원자는 이탈한다. 그러므로 우리에게는 자유가 있다"였다. 하지만 그 후로 2000년간 코페르니쿠스와 뉴턴, 다윈과 아인슈타인의 시대를 거쳐 현대의 신경과학에 이르기까지 인간의 뇌를 결정론적이고 기계적으로 보는 견해는 계속됐다. 그래서 오늘날 과학은 대다수의 분야에서 이런 관점을 견지하고 있다. 아인슈타인은 이렇게 말했다.

> 나는 자유의지를 믿지 않는다. 자유의지가 없다는 것을 인식하면 나 자신과 동료들을 너무 진지하게 생각할 필요가 없어진다. 행동하고 결정하는 것은 개인이 아니기에 자제심을 잃을 때도 부끄럽지 않다.

아인슈타인은 자유의지를 믿지 않았다. 최초로 DNA를 발견한 영국의 생물학자 프란시스 크릭Francis Crick도 마찬가지였다. "당신이 느끼는 기쁨과 슬픔, 개인의 정체성과 자유의지 등은 단순한 뇌의 작용에 지나지 않는다"는 게 그의 주장이었다.

지난 세기의 위대한 과학자들도 이 같은 입장을 그대로 받아들였다. 그러다가 1920~1930년대에 덴마크의 물리학자 닐스 보어Niels Bohr와 독일의 물리학자 베르너 하이젠베르크Werner

Heisenberg가 물질의 본성에 관한 양자물리학 이론을 발표하게 되고, 이때부터 확실성이 아닌 개연성을 바탕으로 생각해야 한다는 주장이 조금씩 생겨났다. 어디에나 해석의 여지는 있기 마련이고, 그렇다면 우리에게는 어느 정도의 자유재량이 있다는 것이다.

하지만 이런 견해는 생각해볼 가치도 없다는 게 일반적인 평이었다. 사람들은 분석의 수준이 잘못되었다고 비판했다. 당구공의 움직임과 우리 뇌의 신경망이 작동하는 법을 밝히는 것은 그 수준이 다르다는 것이었다. 그래서 개연성을 바탕으로 생각해야 한다는 견해는 큰 관심을 얻지 못했고, 뇌를 설명하는 여러 모델 중 하나로 방치됐다.

한국계 미국인인 신경과학자 세바스찬 승Sebastian Seung 교수는 이에 관해 아주 영리한 비유를 내놓았다. 신경과학자이자 물리학자, 철학자이기도 한 그는 현재 프린스턴대학교에 재직 중이며, 기계론적 입장에서 두뇌 메커니즘을 연구하는 권위 있는 학자다. 그는 뇌세포의 미세한 차이만 보고도 당신과 옆 사람의 차이점을 설명할 수 있다고 주장한다. 세바스찬 승 교수는 이렇게 말한다. "인간 심리에 대한 민간적 이해로 사람의 행동을 예측할 수 있다."

미식축구 선수 앞에 음식이 놓인 장면을 보여주고 "저 사람이 음식을 먹을까요?"라고 물어본다면, 대부분의 사람이 '그렇다'고 답할 것이다. 그럼 이번에는 양자역학적으로 이 사람을 분석해서 그 데이터를 바탕으로 햄버거를 먹을지에 대해 알아본다고 해보자. 세바스찬 승 교수는 100만 대의 컴퓨터로 1000만 년 동안 하는 분석은 잘못되었다고 주장한다. 나 역시 그 말에 동의한다.

그런데 이런 기계론적인 입장이 과학적으로 타당하다고 해서 법적으로도 적절할까? 하버드대학교의 조슈아 그린Joshua Greene 교수는, 우리에게 자유의지는 없다는 결정론적 입장을 대표하는 사람이다. 하지만 펜실베이니아대학교의 저명한 학자 스티븐 모스Stephen Moss는 이에 반대한다. 법적 처벌과 관련지어서는 안 된다는 것이다. 인간은 민간 심리학을 바탕으로 스스로 생각할 수 있기 때문이다.

결정론은 어떤 면에서 극단적인 환원주의라고 할 수 있다. 모든 물리학적 지식과 뇌의 화학 시스템을 이해하면 미래의 행동을 예측할 수 있다는 게 결정론의 극단적인 형태다. 하지만 이는 정확하지 않은 사실이다. 그런 하위 시스템에서 발생한 정신 상태와 이를 통해 개선되는 물리적 시스템을 예측한다는 것은 매우 복잡한 일이라서 단순히 환원주의만으로 결정론적 입장을 취할 수는 없다. 나는 인간이 그저 정해진 기질에 따라 행동하는 좀비라고 말하는 것은 재고할 가치도 없는 주장일 뿐이라고 생각한다.

신경과학을 법에 적용하는 것은 과연 적절할까? 여기서 생각해보아야 할 문제는 '나쁜 뇌와 좋은 뇌는 따로 없다'는 사실과, 범죄 행동과 범인의 정신 상태는 민간 심리학으로 설명이 가능하다는 점이다. 따라서 신경과학은 인간의 책임을 결정하는 데 적합한 분석 수준이 아니다. 여기에 적합한 분석 수준은 사람들 간의 사회 규칙이다. 뇌는 자동적이며, 뇌를 분석한다고 해서 책임의 한계를 명확하게 밝힐 수는 없다. 이는 사회적 교환이라는 차원에서만 가능하며, 책임은 사회적 계층의 문제다. 이것이 내 논리의 구조다.

심리학과 신경과학의 오랜 역사를 통해 북미 지역에서 형성된 여러 견해들이 있다. 칼 래슐리Karl Lashley와 도널드 헵Donald Olding Hebb이라는 저명한 심리학자가 있다. 칼 래슐리는 우리가 현재 생리심리학이라고 부르는 학문의 창시자이고, 도널드 헵은 신경생리학의 창시자로서 시냅스 이론으로 유명하다. 이 두 사람은 이 분야의 쟁점을 두고 서로 다른 주장을 내놓았다. 둘은 50여 년간 '뇌는 빈 서판이며 크게 변형될 수 있는가?' 그리고 '뇌에는 여러 제약이 있으며, 구조에 의해 결정되는가?'라는 문제로 서로 싸우고 토론하고 연구했다.

칼 래슐리는 뇌가 기본적으로 가소성이 있어서 원하는 대로 모양을 바꿀 수 있다고 생각했다. 그가 주장한 핵심 원리는 뇌의 양작용설mass action▲이다. 또한 그는 동등잠재력equipotentiality▲▲이라는 개념도 내세웠다. 대뇌피질의 모든 영역은 정확한 훈련과 경험만 있으면 어떤 기능이든 담당할 수 있다는 뜻이다.

그와 비슷하게 행동주의의 창시자인 존 B. 왓슨John B. Watson은 "어떤 아기든 나에게 주면 내가 어떤 사람으로든 만들 수 있다"라는 유명한 말을 남겼다. 무엇이든 가능하다는 아메리칸 드림처럼 누구나 무엇이든 될 수 있다는 주장이다. 다시 말해 적절한 자극과 반응을 통해 아기를 얼마든지 바꿀 수 있다는 생각이다.

▲ 학습이나 지능과 같은 복잡한 기능은 대뇌 피질 전체가 관여한다는 학설로, 뇌의 어느 부위가 파괴되었는가보다는 얼마나 많은 부위가 파괴되었는가가 장애의 정도를 결정한다는 주장이다.

▲▲ 피질의 모든 영역이 어떤 기능이든지 담당할 수 있다는 생각으로, 칼 래슐리는 이것이 연합 영역에 대해서만, 그리고 단순한 감각과 운동보다는 더 복잡한 기능에 대해서만 적용될 것이라고 주장했다.

이런 주장을 하는 심리학자들이 협력해서 연구를 펼쳤고, 당시의 뇌과학 지식은 이들의 심리 이론을 뒷받침했다. 시카고대학의 저명한 신경생리학자 폴 바이스Paul A. Weiss도 이런 이론을 지지하며 "기능이 형태에 선행한다"고 주장했다. 예를 들어 팔과 손에서 뉴런이 자랄 때는 무작위로 자라난다. 하지만 손은 손으로 쓰이고, 팔은 팔로 쓰인다. 그런 쓰임새가 생기면서 신경에 특수성이 부여되고, 그럼으로써 기능이 형태에 선행한다는 것이다.

여기까지의 이론들은 모두 환경이 뇌의 형성에 영향을 준다는 입장이다. 그러다가 신경심리학자이자 신경생물학자인 로저 스페리가 등장한다. 로저 스페리는 오래전 나를 가르쳤던 스승이기도 하며, 노벨 생리·의학상도 수상했다. 그는 뇌는 그렇게 작동하지 않는다며 위의 주장을 반박했다. 그가 평생의 연구를 통해 밝혀낸 개념이 바로 '뇌는 아주 특별한 방식으로 연결되어 있다'는 '신경특정성'이다. 또한 그는 뇌의 발달에 유전적 통제가 큰 영향을 미친다고 주장했다. 그게 전부는 아니지만 영향력이 막대하다는 것이었다.

이를 입증하기 위해 그는 한 가지 실험을 했다. 개구리의 눈을 180도 뒤집어서 윗부분이 아래로 가고, 아랫부분이 위로 가게 했다. 그리고 눈앞에 파리를 매달아놓은 뒤 개구리가 혀를 내미는 방식을 바꿀 수 있는지 살펴보았다. 하지만 개구리는 끝까지 혀를 반대 방향으로 뻗지 못했다. 개구리의 눈이 두뇌에 제공하는 정보가 이미 정해져 있어서 이런 특정성을 경험으로 바꿀 수 없다는 게 그의 결론이었다.

그는 뉴런의 생성을 관찰하기 위해 쥐와 물고기의 중뇌에도 비슷한 실험을 했다. 그 결과 눈의 특정한 부위는 항상 뇌의 특정한 부위와 연결된다는 사실을 밝혀냈다. 신경을 뇌의 다른 부위에 연결해도 뉴런은 언제나 유전 지도에 의해 결정된 원래 위치를 찾아갔다. 로저 스페리의 연구 결과는 뇌의 형성에 관한 개념을 완전히 흔들어놓았다. 신경특정성은 정설로 받아들여졌고, 뇌의 상당 부분이 이미 결정된 구조라는 주장이 확실해졌다.

뇌는 고도로 모듈화된 장치다

|

이제 실제 인간에게 적용되는 심리학적 질문으로 넘어가보자. 이를 위해서는 인간의 가장 기초적인 발달 과정인 아기들을 살펴보면 된다.

일리노이대학교의 르네 바야르종Renee Baillargeon 교수는 여러 실험을 통해 인간이 공평함이라는 개념을 본래 갖추고 있다는 사실을 밝혀냈다. 르네 바야르종 교수의 실험 대상은 모두 어린 아기들이었다.

발달심리학자들은 지구상에서 제일 똑똑한 부류라고 할 수 있다. 그들은 고무 오리나 작은 장난감 같은 가장 낮은 차원의 기술을 활용해 가장 심오한 생물학적 질문을 던진다. MRI 기계 같은 온갖 첨단 기술을 동원해 뇌를 해석하는 학자들은 그들이 그렇게 값싼 재료로 좋은 결과를 내는 것을 보면 힘이 쭉 빠질 테니 말이다.

르네 바야르종이 한 실험은 이렇다. 일단 아기 A와 아기 B, 두 명의 아기가 있다. 그리고 다른 아기들이 이 두 아기를 지켜보고 있다. 아기 A가 아기 B를 때린다. 그러자 아기 B가 퍽 하고 아기 A를 되받아친다. 이를 본 다른 아기들은 어떻게 반응했을까? 예상과 달리 다른 아기들은 놀라지 않았다.

그리고 또 다른 실험이 이어졌다. 아기 A가 옆에 있는 아기 B를 괴롭힌다. 그런데 그 옆에 있던 아기 C가 이 상황을 보고서도 아기 A에게로 다가가 그를 도와준다. 그러자 이를 지켜본 다른 아기들이 놀란다. '걔는 방금 너랑 같이 있던 애를 때렸잖아.

그런데 왜 도와주는 거야?' 하는 표정을 짓는다. 아기들이 보기에도 무언가 규칙을 어긴 것 같은 느낌이 든 것이다. 이런 식으로 여러 실험을 진행한 결과 아기들에게도 기본적인 본성, 즉 기본적인 태도가 있다는 것을 알아냈다.

르네 바야르종은 이런 식으로 수십, 수백 가지의 실험을 진행했다. 어떤 것은 인간에게 내재해 있고, 어떤 것은 그렇지 않았다. 뇌에는 이미 존재하는 어떤 체계가 있었다. 이처럼 뇌에 들어 있는 특정한 하위 체계를 '모듈'이라고 부르도록 하겠다.

뇌의 모듈을 연구한 사례는 무수히 많다. 심지어 경제학자들도 '최후통첩 게임: 상호 공평성'이라는 방법으로 우리 뇌의 모듈을 연구했다. 이 게임은 아주 간단하다. A와 B 두 사람이 있다. 그중 A에게 20달러를 준다. 이때 돈을 받은 A는 B에게 얼마의 돈을 나누어주어야 하며, 한 번의 실행으로 게임은 끝난다.

돈을 받는 B의 입장에서는 원래 한 푼도 없었으니 상대가 나에게 1달러를 주든, 10달러를 주든 받는 게 이득이다. 안 받는 것보다 나을 테니 말이다. 하지만 결과는 달랐다. 20달러를 받은 A 입장의 피험자들이 1달러를 준다고 하자 B의 입장에 놓인 피험자들이 이를 거부하며 공평함에 대해 따졌다. B의 입장에 놓인 피험자들은 상대가 최소 5, 6달러를 제안해야 이를 받아들였다. 1달러는 공평하지 않다는 주장이었다. 이것이 공평함의 모듈이다.

여러 연구를 통해 나는 이것이 뇌의 전전두엽이라는 특정 영역에 있다고 결론 내렸다. 이를 위해 더 많은 피험자를 실험에 투입해 머리에 '경두개자기자극TMS'이라는 장치를 연결했다. 그리고 판단을 내리기 전에 뇌의 전전두엽을 자극했다. 그 부분을 때리고 공격해서 그 영역의 기능을 일시적으로 마비시킨 것이다. 그런 뒤 공평함에 관해 판단하게 했다. 그러자 결과가 달라졌다. B의 입장에 놓인 피험자들이 불공평한 제안을 거절하는 능력이 현저하게 낮아진 것이다.

나는 이렇게 다양한 상황을 상정해 뇌의 모듈을 실험했다. 그뿐 아니라 임상 분석도 진행했다. 이를 통해 뇌의 특정 부위 이상(국소 병변)이 특정한 장애를 일으킨다는 사실도 발견했다. 이는 신경심리학에서 매우 중요한 발견이다. 이것을 설명하는 이유는 우리 뇌의 모듈이 어떻게 구성되어 있는지를 좀 더 명확히 하기 위해서다.

임상실험 환자 가운데 우측 두정엽이 손상된 '재생기억상실증' 환자 A의 예다. 이런 환자들의 특징은 자기가 현재 있는 장소를 믿지 못하고 다른 곳에 있다고 생각하는 것이다. 그것 외의 다른 모든 부분은 지극히 논리적이고 정상적이다. 환자 A 역시 자신이 뉴욕의 병원에 있으면서 메인 주에 있는 자신의 집에 있다고 생각했다. 이해할 수 없는 일이지만 뇌의 특정 부위에 이상이 생기면 나타나는 일이다. 다음은 이 환자와의 면담 내용 중 일부다.

의사 　　지금 어디에 계시죠?

환자 A 　여기는 메인 주에 있는 우리 집이에요.

의사 　　집에 다른 사람도 사나요?

환자 A 　아닐걸요.

의사 　　수술은 어디서 받으셨어요?

환자 A 　뉴욕에 있는 슬로언케터링 병원에서 전문가들이 수술해줬죠.

의사 　　하지만 지금은 병원이 아니고요?

환자 A 　아니에요. 내가 병원에 가면 그땐 병원이라고 답해줄게요. 그럼 선생님이 밤새 담배를 피우며 옆에 있어도 좋아요. 5분에 한 번씩 여기가 어디냐고 물어봐도 원하는 답을 해줄게요. 뉴욕에 있는 슬로언케터링 병원이라고요.

의사   사람들이 그걸 왜 자꾸 물어볼까요?

환자 A   지금껏 제일 맘에 드는 질문이네요. 처음 몇 달간은
        내가 병원에 있다고 믿게 만들려고 하더군요. 그러고
        얼마가 지나자 무조건 대답을 강요했어요. 내가 뭐라
        고 하든 신경도 안 썼죠. 나는 내가 메인 주의 우리 집
        에 있다는 걸 알아요.

의사   알겠습니다.

  우뇌의 특정 부위 이상이 누군가의 정신을 특이하고 괴상하
게 바꾸어놓아 자신이 다른 공간에 있다고 믿게 하는 것이다.
뇌의 이 부위는 최근 들어 매우 활발하게 연구되고 있다. 사람
들이 내가 아닌 누군가가 위에서 나를 내려다본다든지 하는 식
의 유체 이탈 현상을 체험하는 것도 이 부위의 손상 때문으로
보인다. 이처럼 사람이 제자리를 인식하는 기능도 뇌의 장애로
불가능해질 수 있다.

  또 다른 환자 B는 뇌졸중으로 인해 언어를 이해하는 뇌의 부
분이 손상됐다. 이를 '베르니케실어증'이라고 한다. 이런 환자들
은 말을 논리적으로 이해하거나 표현하지 못하는 식의 아주 뚜
렷한 장애를 보인다. 우리의 뇌가 고도로 모듈화된 장치라는 생

각을 뒷받침하는 사례다.

모듈화된 뇌에서의 흥미로운 점은 작은 영역 하나하나에 모두 특정한 기능이 있다는 것이다. 그러면서도 하나로 통합되어 해석적인 능력을 발휘한다. 이런 사실은 뇌전증 치료를 위해 뇌를 분리한 환자들을 연구하던 중에 발견됐다. 뇌의 좌우 연결을 끊으면, 한쪽 뇌에서 뇌전증 증상이 시작되었어도 나머지 반쪽으로 옮겨가지 않는다. 그런 수술을 받은 뇌라면 일반적인 통합 현상을 보이지 않을 것이라는 게 과학자들의 가설이었다. 그래서 서로 분리되었을 때 좌뇌와 우뇌가 어떻게 작동하는지에 대한 연구를 시작했다.

여기서 '해석기'라고 불리는 과정이 발견됐다. 이 해석기는 우리가 왜 자신을 스스로 결정을 내리는 책임자라고 생각하는지 그 이유를 설명해줄 수 있는 중요한 개념이다. 우리가 어떤 행동을 했을 때 그 이유를 지어내는 게 바로 해석기의 역할이기 때문이다.

예를 들어 '분리뇌' 환자에게 왼쪽에는 눈이 내린 풍경을, 오른쪽에는 닭발이 그려진 그림을 동시에 보여준다. 보통사람들에게 이 그림을 보여주면서 무엇이 보이느냐고 물으면 '눈 내린 풍경과 닭발'이라고 대수롭지 않게 답할 것이다. 하지만 분리뇌 환자에게 물어보면 닭발이 보인다는 대답만 돌아온다. 왜일까?

뇌가 손상되지 않은 일반인은 눈 내린 풍경의 모습이 우뇌로 들어가고, 그것이 다시 언어 중추가 있는 좌뇌로 넘어간다. 닭발 그림은 좌뇌로 직행하니까 바로 닭발이 보인다고 대답할 수 있다. 좌뇌와 우뇌가 연결되어 있다면 좌뇌의 언어중추가 두 가지 다 묘사할 수 있다.

이번에는 분리뇌 환자에게 똑같은 그림을 보여주고 무엇이 보이느냐고 묻는 대신 여러 개의 답 가운데 그 그림에 부합하는 답을 손으로 가리켜보라고 한다. 그럼 환자는 여러 개의 답 가운데 닭 그림을 보고 좌뇌가 본 닭발과 연결시킨다. 그리고 오른손을 움직여 닭 그림을 가리킨다. 왼손은 우뇌가 본 눈 내리는 풍경과 연관된 삽을 가리킨다.

다시 말해 분리뇌 환자에게 이 실험을 해보면 오른손으로는 닭발과 연관된 닭 그림을 가리키고, 왼손으로는 눈 내리는 풍경과 연관된 삽을 가리킨다. 그런 다음 환자에게 왜 그런 그림을 가리켰는지 그 이유를 물어보면, 환자는 "간단하죠. 닭발은 삽과 연관이 있잖아요"라고 대답한다. 그것이 언어중추가 있는 좌뇌가 주는 정보이기 때문이다.

하지만 좌뇌는 왼손이 왜 삽을 가리켰는지 전혀 모른다. 그것은 우뇌가 본 정보이기 때문이다. 그럼에도 환자는 망설임 없이 대답한다. "닭장을 치우려면 삽이 필요하잖아요." 자신의 행동을 설명할 수 있는 이야기를 지어내는 것이다.

이런 상황은 우리에게도 늘 있는 일이다. 우리는 내가 왜 이런 기분이고, 왜 그런 행동을 했는지 납득할 만한 이야기들을 끊임없이 지어낸다. 분리뇌 환자를 대상으로 한 실험은 뇌의 일반적인 작용을 과학적으로 밝혀준 것뿐이다.

인간은 스토리텔링의 동물

|

이와 같은 스토리텔링은 어떻게 일어나는 것일까? 해석기가 감정에도 영향을 미칠 수 있을까?

이를 입증하기 위해 우리는 특수 장치를 이용했다. 우뇌만 볼 수 있도록 영화를 상영한 것이다. 이 실험을 위해 보여주는 영화는 감정이 드러나지 않는 차분한 내용이어도 괜찮고 무서운 장르여도 상관없다. 우리는 사람을 불길 속으로 밀지 말라고 권장하는 화재 예방 영화를 보여주었다. 조금 무섭다고 느낄 만한 내용이었다.

영화가 끝난 뒤 환자에게 어땠느냐고 묻자, 왠지는 모르겠지만 섬뜩하고 겁이 났다고 대답했다. 그러면서 자기가 지금 있는 이 방도 싫고, 실험하는 상황도 마음에 안 들고, 선생님도 싫다고 했다. 각성 상태는 양쪽 뇌가 동시에 느끼는 것이라서 좌뇌가 흥분을 감지한 것이다. 그리고 이유도 모른 채 환자는 자기가 왜 무서운지에 대한 이유를 지어냈다. 이런 스토리텔링 능력은 인간의 공통적인 기능이다.

미국의 신경생리학자 버논 마운트캐슬Vernon Mountcastle은 이런 작용이 발달의 초기 단계부터 일어난다는 사실을 밝혀냈다. 뇌에 첫 뉴런이 생겨날 때부터 시작된다는 것이다. 사람들은 신경이 물리 세계의 현실을 비디오 스크린처럼 우리 뇌에 그대로 투영한다고 생각한다. 하지만 버논 마운트캐슬은 그렇지 않다고 주장했다. 외부 자극을 처음 받아들이는 신경 섬유부터 그것을 어떤 이야기나 코드로 변환하는 것이지 직접적으로 전달하지는 않는다는 것이다. 다시 말해 우리의 신경계는 애초부터 현실을 요약해 이야기로 만든다는 게 버논 마운트캐슬의 주장이다.

영화 〈워터랜드〉에도 인간은 스토리텔링의 동물이라는 멋진 말이 나온다.

어디를 가든 자신이 떠난 뒤에 무질서한 흔적이나 빈 공간을 남기는 대신 바다의 부표나 등산길 표지판같이 위안을 주는 이야기를 남기려 한다. 인간은 끊임없이 이야기를 만들어낸다. 이야기만 있으면 다른 것은 상관없다.

유발 하라리 역시 인간은 스토리텔링의 동물이라고 말한다.

인간이 대규모로 협력하는 상황을 살펴보면 그 바탕에는 언제나 국가, 돈, 인권 같은 허구의 개념이 깔려 있다. 그런 것들은 객관적으로 실존하지 않고 우리가 말하고 전파하는 이야기 속에서만 존재한다.

인간은 이야기를 만들어내는 동물이다. 우리 자신이 행동의 주체라는 말은 꾸며낸 이야기다. 우리는 시계가 자동이라고 믿는 데 별 어려움을 못 느낀다. 또 우리 몸을 구성하는 수십억 개의 세포가 자동은 아니지만 자동이기를 바란다. 그러면 훨씬 더 믿고 의지할 수 있기 때문이다.

그러나 뇌가 자동이라고 하면 사람들은 굉장히 불쾌하게 생각한다. 하지만 정상적으로 작동하는 뇌는 자동적이다. 이는 결코 암울한 이야기가 아니다. 우리에게는 개인을 뛰어넘는 사회적 충위가 있기 때문이다. 우리는 사회적 역학 속으로 들어갈 때 다른 사람들이나 이 사회와 계약을 맺게 되어 있다. 이런 계약이나 규칙에서 책임이 발생한다고 생각한다. 책임은 뇌에서 나오는 게 아니다.

A가 B를 생산하고, B가 다시 C를 생산한다는 고전적인 견해는 지나치게 단순하고 기계론적인 생각이다. 만약 그렇다면 우리는 자유의지가 없는 좀비에 불과하다.

다시 로저 스페리의 이야기로 돌아가보자. 그가 교황청 컨퍼런스에서 '양쪽 뇌와 의식의 매커니즘'에 대해 주장한 이야기의 요점은 이렇다. 우리는 결정론적인 세상에서 살고 있지만 뇌는 외부적인 힘에 의해 붙잡혀 있는 볼모가 아니다. 분자는 삼차원적인 구조이며, 더 작은 단위인 원자로 이루어져 있는데 마찬가지로 인간 정신도 신경계의 움직임과 인과관계에 놓여 있다는 것이다.

다시 말해 조직에는 여러 단계가 있다는 것을 고려해야 한다는 이야기다. 이는 매우 엄격한 개념이자 신념으로, 여러 가지 복잡한 주제와 관련해 생각해볼 수 있다.

하지만 로저 스페리는 이런 분석을 하면서 '책임은 누구에게 있는가?'라고 묻지 않는다. 그 질문에 관한 나의 입장을 다시 한 번 강조하자면, 책임은 사회적 층위에 있다. 인간은 온갖 것들을 사회적인 층위로 업로드한다. 다른 인간과 맺는 상호작용의 차원을 말하는 것이다.

나는 바로 거기에서 책임을 찾아야 한다고 생각한다. 뇌는 자유롭지 않지만 사람에게는 자유가 있다. 다른 사람과 맺은 계약을 실행하지 못하면 우리가 책임을 져야 한다. 그것이 우리 문화가 정한 규칙이기 때문이다.

과거 사람들은 책임에 앞서서 그 사람이 자유의지가 있다는 것을 증명해야 한다고 생각했다. 사람이 자유의지로 행동하는 주체라는 사실이 확인되어야 책임도 물을 수 있다는 게 그들의 논리였다.

하지만 내가 생각하는 책임은 개인이 사회 집단에 참여하면서 받아들여야 하는 규칙이다. 사회적 규칙은 다른 사람들을 대할 때 책임감 있게 행동하라고 정해놓은 것이다.

인간은 모듈로 가득한 복잡한 장치고, 시스템은 우리가 단일한 존재라고 믿게 만든다. 하지만 우리는 수없이 많이 내재된 시스템의 산물일 뿐 아니라 삶의 경험도 함께 녹아 있는 존재다. 내재된 시스템과 경험으로부터 학습한 내용이 결합되어 어떤 행동을 할지 말지를 결정하는 것이다.

우리 안의 시스템이 이런 결정을 내릴 때 우리는 우리가 결정을 내렸다고 말한다. 내가 내린 결정이라고 스스로에게 변명할 이야기를 지어내는 것이다.

하지만 결정을 내리는 것은 분명 시스템이다. 그런 입장을 취한다고 해서 자신의 행동에 대한 책임을 회피할 수 있는 것은 아니다. 우리는 사회 시스템 안에서 작동하는 유기체이기 때문이다. 그리고 그 사회 시스템 안에서는 각자 책임이 따른다. 그래서 기계론적인 견해를 갖고 있다 하더라도 자신의 행동에 책임을 져야 한다.

예를 들어 무인도에 혼자 있다면 개인적 책임이라는 개념은 아무 의미가 없다. 책임질 대상이 없기 때문이다. 사회 집단 안에 있어야 이 개념에 비로소 의미가 생긴다. 그리고 사회 집단은 다른 구성원을 적절한 방식으로 대하라고 요구한다. 그러니까 책임은 사회 집단이라는 환경 안에서만 기능하는 사회적 개념이다. 개인보다 위에 있는 층위다.

우리에게는 신체 수준이 있고, 정신 수준이 있고, 사회 수준이 있다. 책임이 결정되는 것은 사회적인 수준이다. 뇌가 아니라 사회 집단의 구성원이 되기 위한 규칙 안에 있는 것이다.

결정론과 법의 상관관계

|

이제 정의라는 개념을 살펴보도록 하자. 미국과 노르웨이에서 끔찍한 범죄를 저지른 세 명의 흉악범이 있다. 이 사람들을 어떻게 할 것인지, 이들을 어떻게 바라보아야 할 것인지를 정해야 한다. 이때 결정론적인 견해를 가진 사람들은 모든 것은 미리 정해져 있다는 일차원적인 생각을 하기 때문에 범죄자 스스로도 어쩔 수 없는 상황이었다고 결론을 내린다. 하지만 행동에 자유가 있다고 생각하는 사람이라면 좀 더 가혹한 형량을 내리는 게 일반적이다. 결국 사회 규범을 어긴 범죄자를 어떻게 처벌해야 할지 정할 때 결정론에 관한 입장이 즉각적이고 실질적인 영향을 미친다.

세계적인 생물학자 리처드 도킨스Richard Dawkins는 아주 단호한 결정론적 견해를 지닌 인물이다. 그는 정의의 문제도 그런 관점에서 바라보았다.

신경계를 바라보는 진정으로 과학적이고 기계론적인 관점이 책임이라는 말도 안 되는 생각을 만들어내지 않았나? 아무리 극악무도한 범죄라도 피고의 심리와 유전형질, 환경이라는 선행 조건 아래에서 비난받아야 하는 것이 원칙이다. 응징이 라는 도덕적 원칙은 인간 행동이라는 과학적 견해와 양립할 수 없다.

그는 이렇게 매우 과감하고 명백한 입장에서 세상에 의문을 제기한다. 기본적으로는 사회 규범을 어긴 사람을 어떻게 처벌 해야 하느냐는 문제다. 사람들은 신경과학이 밝혀낸 뇌에 관한 사실들을 따져보며 어떻게 책임을 분배할지, 어떤 경우에 책임 을 축소할지 생각한다. 사람들은 사회적 결정을 내릴 때 신경과 학자의 의견을 듣고 싶어 한다. 그리고 이런 신경과학적 정보는 당장 사용되지 않더라도 살아가는 내내 강력하게 쓰인다.

머지않아 과학이 정의에 관한 대중의 관념에 영향력을 행사 할 것이다. 그렇다면 처벌과 결정론의 문제를 관련지어 고민할 수 있는 더욱 성숙한 신경과학 이론을 발전시켜야 할 것이다. 그런데 왜 하필 지금 신경과학자가 법정에서의 판단을 개선하 는 역할을 맡게 되었을까?

신경과학적 지식은 법률적인 상황에 맞게 해석하기가 매우 어렵기 때문이다. 법정에서는 특정인의 정신적이고 신체적인 상태와 관련해 판단한다. 그런데 신경과학적 연구들은 주로 집단 실험을 통해 평균을 도출한다. 그런 평균은 얼핏 한 사람에게 적용해도 무방할 것 같지만 깊이 들어가면 전혀 관련이 없는 경우도 많다.

신경심리학 역사에서 회자되는 유명한 사례가 있다. 철로의 쇠막대기가 머리를 관통한 피니어스 게이지Phineas Gage라는 환자의 이야기다. 좌측 전전두엽에 손상을 입은 그는 이후 전과 다르게 행동하고 폭력성 또한 커졌다. 이런 사례에 근거해 이와 비슷한 특이점을 가진 피고의 형량을 낮추어야 한다는 주장이 나올 수 있다. 하지만 피니어스 게이지와 같은 병변이 있지만 폭력적이지 않은 사람도 많다.

일반인이 폭력을 행사하는 확률은 3, 4퍼센트다. 좌측 전전두엽 병변 환자의 경우는 확률이 11퍼센트까지 올라간다. 물론 일반인에 비해 높은 편이기는 하지만 그렇다고 해서 100퍼센트까지 올라가지는 않는다. 피고가 좌측 전전두엽 병변 환자라고 주장해도 그로 인해 범죄가 정당화될 수는 없다는 말이다.

예를 들어 뇌 병변 환자, 즉 좌측 전전두엽 병변 환자의 임상 데이터를 법정 자료로 쓴다고 해보자. 이들이 어떤 식으로 행동하는지에 대한 연구 결과를 모두 살펴보지만 그런 변화가 있었던 사람은 소수에 불과하다. 평균값 때문에 전체가 그런 것으로 보이는 것뿐이다. 신경학 연구를 법정에서 활용하는 데는 문제가 있을 수밖에 없다.

그래서 과학자들은 뇌를 더욱 정교하게 분석하자고 주장한다. 그것을 네트워크 분석이라고 한다. 네트워크를 분석해서 결과를 내보이자는 것이다. 네트워크 분석에서는 머리에 난 구멍이나 뇌의 특정 부위를 언급하지 않는다. 과학자들이 법정에서 전문가로서의 증언을 한다고 가정해보자. 이때 그가 네트워크를 분석해보니 손상이 되었더라고 말한다면 더 큰 도움이 된다고 생각하는 것이다. 그럴 수도 있고, 아닐 수도 있겠지만 미래에 충분히 일어날 수 있는 일이다.

전통적인 신경과학에서는 뇌 병변이나 뇌 활동을 사진으로 보여주었다. 배심원이나 다른 일반인들이 이해할 수 있는 구체적인 형식으로 제시한 것이다. 하지만 미래의 신경과학자들은 복잡한 도표를 보여주며 네트워크가 왜 작동하지 않는지를 설명할 것이고, 배심원들은 그것을 증거로 사용할 것이다. 고도로 정교해진 알고리즘은 뇌의 데이터베이스 검색에 이용될 수도 있다. 사람들이 일반적·시각적·통계적 수단으로 탐지하지 못하는 관련성을 찾는 것이다. 그렇게만 되면 우리가 찾는 행동과 그런 의도 사이의 상관관계를 찾아낼 수 있다.

몇 년 전부터 신경과학자인 뉴멕시코대학교의 켄트 키엘Kent Kiehl 교수에 의해 비슷한 연구가 진행 중이다. 뉴멕시코 주지사가 교도소에 MRI 기계를 배치했다. 그리고 재소자들의 뇌를 스캔하기 시작했다. 사이코패스 중에서도 중증 환자와 경증 환자, 그 사이에 속하는 환자 등을 모두 스캔했다. 관찰 결과 사이코패스 뇌의 특정 영역에서 장애가 발견됐다. 그래서 사이코패스 같은 질환이 뇌의 특정 영역과 관련 있다고 생각하게 된 것이다. 사이코패스 성향이 있는 일반 청소년의 뇌와 여성의 뇌도 마찬가지였다.

그런데 아무도 이런 질문은 하지 않는다. 질환이 일어나는 부위를 안다면 언젠가는 치료제도 만들어질까? 누군가를 해친 사이코패스도 교정될 수 있을까? 사이코패스가 처벌받는 대신 치료를 받는다면 피해자의 가족은 만족스러워할까? 우리 인간은 본능적으로 강력한 응징을 바라는데 이런 관점이 사회적으로 받아들여질까?

한 연구 결과에 따르면 사이코패스에 관한 정보는 판사의 판결에 영향을 미친다.

우리는 이런 모든 방법을 동원해 미래의 범죄를 예방할 수 있을까? 다양한 범죄를 조사한 결과 출소한 죄수가 다시 범죄를 저지를 확률은 죄목과 상관없이 63~64퍼센트나 된다. 그렇다면 처벌이 효과가 없는 게 아닐까?

쥐와 사람을 대상으로 보상과 처벌의 효과를 실험한 최신 연구 결과에 따르면 사람은 쥐와 현저히 다른 특성을 보인다. 미래의 처벌이나 보상을 바라보는 인식이 다르다는 것이다. 사람은 앞으로 받게 될 처벌이나 보상을 뇌의 특정 영역에서 의식하는데 사이코패스는 그 영역이 지속적으로 손상되어 기능 장애를 일으키는 것이다.

그럼 어떻게 해야 할까? 청소년의 뇌와 충동성을 탐지해 이를 중재할 방법은 없을까?

2, 3년 전에 충동성을 보이는 10대들을 조사해 뇌의 어떤 부분이 과잉으로 활성화되는지를 분석한 연구가 있다. 신경과학이 사회 정의에 관한 문제에 답을 해줄 수 있는 부분이 바로 이것이다. 인간 행동의 주체가 누구이고, 범죄자를 어떻게 다루어야 할지에 직면했을 때 신경과학은 적절한 중재 방법을 만들어 교정과 치료에 도움을 줄 수 있다. 이런 방식이라면 사람들도 만족할 것이다.

구체적인 과학적 사실이 아무리 복잡하고 길어도 그대로 지켜보아야 한다는 사람들이 있고, 사법부에서 국가 위원회를 만들어 무엇이 진실이고, 무엇이 제안일 뿐이며, 어떤 게 검증되었는지 가르쳐주어야 한다는 사람들도 있다. 복잡한 실제 사법 과정에 적용되기 전에 과학적인 입장을 확실히 밝혀야 한다는 것이다. 아직 일어나지 않은 일이지만 중요한 문제에 관해서는 과학이 이정표 역할을 해야 한다는 의견이 많다.

우리에게는 개인적인 책임이 있다. 그렇다면 책임을 물어서 처벌해야 할까? 아니면 치료하고 용서해야 할까? 혹은 격리해야 할까? 이것은 우리가 정해야 할 문제다.

정상적으로 작동하는

뇌는 자동적이다.

이는 결코 암울한 이야기가 아니다.

우리에게는 개인을 뛰어넘는

사회적 층위가 있기 때문이다.

우리는 사회적 역학 속으로

들어갈 때 이 사회와

계약을 맺게 되어 있다.

이런 계약이나 규칙에서

책임이 발생한다.

책임은 뇌에서 나오는 게 아니다.

SPECTRUM

다문화 세계에서 조화롭게 사는 법
헤이즐 로즈 마커스

Hazel Rose Markus

세계적인 문화심리학자이자 스탠퍼드대학교 심리학과 교수다. 미시간대학교에서 박사학위를 받았다. 스탠퍼드대학교 인종 및 민족비교연구소를 설립했으며, 연구소장을 역임했다.

저서로는 『우리는 왜 충돌하는가』 『*Doing Race: 21 essays for the 21st century*』 『*Facing social class: How societal rank influences interaction*』(공저) 등이 있다.

'어떻게 하면 다문화 세계에서 번영을 누릴 수 있을까?'라는 주제로 이야기를 시작하겠다. 이 문제에 관한 분명한 사실 하나는, 답을 찾기가 쉽지 않다는 것이다. 세상이 평평하고 좁아질수록 서로 충돌하는 일은 늘어날 수밖에 없다. 그렇기 때문에 다문화 세계에서 번영을 누리는 것은 분명 힘들고 어려운 도전이며, 그런 만큼 우리는 최대한 충돌을 피하는 법을 모색해야 한다. 이제부터 그 방법에 대해 알아볼 것이다.

이를 위한 첫 단계는 우리를 우리답게 규정하는 다양한 문화를 이해하는 것이다. 이 주제에 대해 설명하기 전에 한 가지 주의할 점을 일러두자면, 유럽계 미국인이며 문화심리학자인 나의 주장에는 문화 비교와 일반화가 포함되어 있다는 것이다.

지금부터 동서양의 차이점에 관해 이야기할 텐데, 여기서 말하는 서양은 미국에 사는 미국인을 뜻하고, 동양은 한국인, 일본인, 중국인 등의 동아시아인을 뜻한다. 나는 나의 조국인 미국에 다양한 사람이 공존한다는 사실을 잘 알고 있다. 마찬가지로 동아시아에도 각양각색의 사람들이 살고 있다는 것을 잘 알고 있다. 한국인은 일본인과도, 중국인과도 같지 않으며 서로 큰 차이가 있다는 사실 또한 이해하고 있다.

하지만 문화심리학을 연구하면서 동서양의 차이를 비교하다 보니 국가별로 문화는 달라도 동일하게 작용하는 행동 패턴이 있다는 사실을 발견했다. 바로 그런 행동 패턴을 살펴보고, 그 이유를 해석해보고자 한다.

우리는 왜 충돌하는가

나는 스탠퍼드대학교에서 교수로 일하면서 전 세계 여러 나라에서 유학 온 학생들을 가르쳐왔다. 그중에는 한국 출신의 학부생과 대학원생도 많다. 그들을 통해 미국에 와서 공부하는 한국 학생들이 겪고 있는 문화 충돌에 대해 알게 됐다.

특히 나로 하여금 동서양의 패턴 차이를 깨닫게 하는 데는 서울에서 스탠퍼드로 박사과정 공부를 하러온 한 학생의 도움이 컸다. 여느 교수들처럼 나도 학생들이 세미나 시간에 적극적으로 참여해 자기 생각과 주장을 표현하기를 기대한다. 하지만 그 학생은 내가 그를 대화에 끌어들이려 애써도 도무지 자신의 의견을 말하지 않았다. 할 말이 없느냐고 물으면 고개를 숙이고 책상만 내려다보았다. "다음 주엔 네 의견을 물어볼 거야"라고 말을 걸어도 입을 다물고만 있었다. 나는 난감함을 감출 수 없었다.

그런데 어느 날 그 학생이 내게 보낸 이메일의 마지막 서명이 눈에 띄었다. 바로 '빈 수레가 요란하다'는 속담이었다. 나는 이 속담의 의미를 한참 뒤에야 이해했다. 그녀는 자기만의 방식으로 미국인 교수인 나에게 메시지를 전한 것이다. 자기가 보기에는 수업 시간에 말이 많은 학생일수록 생각이 짧다고 느낀 모양이다. 그 일은 나한테는 아주 신기한 경험이었다. 그 후로 그 학생에 대한 이해가 쌓이면서 그가 그와 같은 한국의 학교 분위기 속에서 교육받았다는 사실을 알게 됐다.

한국 교실에서 학생들은 가만히 앉아 선생님의 말에 집중해야 한다. 그래야 선생님의 가르침에 자신의 생각을 맞추고, 최대한 많은 정보를 흡수할 수 있다. 한국 문화에서는 위계질서가 중요하기 때문에 자신의 위치에 맞게 행동해야 한다는 것도 그 학생을 통해 들은 바 있다. 그래서 아시아 학생들이 교수인 나의 이름을 편하게 부르지 못한다는 것을 그제야 알게 됐다. 심지어 학교 과정이 끝날 때까지 차마 부르지 못하고 떠나는 학생들도 있다.

교실에서도 지식에 따른 위계가 있기 때문에 배우는 입장인 학생이 수업 중에 말을 하면 안 된다고 했다. 유일한 예외 상황이 있다면 아주 잘 정립된 명확한 생각이 있는 경우고, 그때도 옳은 말이라는 확신이 있어야 손을 들 수 있다. 하지만 옳다는 확신이 없고, 내가 말할 상황이 아니라고 판단되면 가만히 있는 게 낫다고 생각한다는 것이다. 이상이 내가 그 학생에게서 들은 내용이다.

그러나 나의 수업을 듣는 대다수의 유럽계 미국인 학생들은 그와는 다른 분위기의 학교에서 교육을 받았다. 이런 분위기에서는 학생들에게 손을 들고 남들과 다른 자기만의 고유한 생각을 표현하라고 격려한다. 선생님 의견에 반대도 하고 설득도 하고, 또 토론을 통해 학생들 틈에서 돋보이는 사람이 되라고 한다. 때로는 자신이 무슨 말을 해야 할지도 모른 채 손부터 드는 아이들도 있다. 일단 발언 기회부터 잡고 보는 것이다.

그때부터 나는 수업 시간에 드러나는 행동 패턴의 이면에 더욱 큰 차이가 깔려 있다는 사실을 깨닫게 됐다. 이 주제에 대해 동료 교수, 학생들과 함께 연구한 결과 교실에서의 행동은 심오한 문화적 차이를 반영한다는 결론을 내렸다. '인간은 어떻게 생각하고, 행동하고, 느껴야 하는가'라는 질문에 서로 다른 답을 한 것이다.

예를 들어 서양에는 '삐걱거리는 바퀴에 기름칠한다'는 격언이 있다. 소리를 많이 내는 사람, 즉 말을 많이 하는 사람이 남의 관심을 끌고 그래서 더 많은 힘과 영향력을 갖게 된다는 뜻이다. 반면 동양에는 '가장 시끄러운 오리가 총을 맞는다'는 속담이 있다. 남의 눈에 띄고 주목받는 일에 대한 입장이 서양의 주장과는 반대되는 개념이다. 여기에는 혼자 튀어서 두드러져 보이면 위험해질 수 있으니 현명한 방법이 아니라는 생각이 깔려 있다.

그 학생은 훌륭한 연구를 바탕으로 졸업 논문을 썼고, 현재는 미국의 한 대학 교수로 재직 중이다. 그의 연구에 따르면 실제로 미국인들은 말을 하면서 생각에 도움을 받고, 한국인을 비롯한 동아시아인들은 말을 하면 생각에 방해를 받는다. 이로써 그는 자신의 사회적, 문화적 경험으로 비추어보았을 때 말하는 것보다 듣는 게 더 중요하고 좋은 방법이라는 사실을 과학적으로 입증해냈다.

내가 오늘 말하려는 주제가 바로 이것이다. 문화심리학적으로 동양과 서양을 비교한 수많은 실험을 통해 일반화된 이론에 대해 이야기할 것이다. 그리고 이런 차이가 어디서 오는 것이며, 문화가 사람의 존재 방식을 어떻게 형성하는지, 또 이런 차이가 행복하고 좋은 삶을 사는 것과 어떤 관계가 있는지도 살펴볼 것이다.

동서양의 차이를 만드는 독립성과 상호 의존성

방대한 연구 결과를 몇 가지 예로 요약해보겠다.

첫 번째 실험에서는 피험자들에게 펜 몇 개를 내밀면서 하나를 고르면 선물로 주겠다고 했다. 펜 네 개는 똑같은 주황색이고, 하나만 초록색이다. 이 실험을 여러 차례 반복해서 얻은 수치는 이렇다. 먼저 한국, 일본, 중국 등 동아시아에서의 실험 결과 많은 피험자들이 같은 색이 여러 개인 펜 가운데 하나, 즉 주황색 펜을 골랐다. 반면 미국인들은 다른 것과 구분되는 펜, 즉 눈에 띄는 초록색 펜을 원하는 경우가 많았다.

두 번째 실험에서는 피험자들에게 "당신의 집에 불이 났다. 집 안에는 당신의 어머니와 배우자가 각자의 방에서 자고 있고 시간상 오직 한 명만 구할 수 있다. 당신은 과연 누구를 구하겠는가?"라고 물었다. 이 실험은 대만에서 여러 차례에 걸쳐 이루어졌는데 그 결과 어머니를 구하겠다고 대답한 사람이 압도적으로 많았다. 피험자들은 그 이유에 대해 이렇게 말했다.

"당연한 거죠. 어머니는 저를 낳아주셨어요."

"부모를 공경하는 게 모든 일의 근원이죠. 그게 세상의 시작이고 전부예요."

"배우자는 언제든 다시 구하면 돼요."

반면 미국인들은 다른 대답을 내놓았다.

"배우자죠! 당연하잖아요."

"배우자는 제가 선택했고, 제 취향이 반영된 사람이에요."

"배우자는 제 소울메이트이고, 평생을 함께하고 싶은 사람이니까요."

양쪽은 긴급 상황에서 이렇게 완전히 다른 선택을 했다.

세 번째 실험에서는 피험자들에게 톰 라이언스라는 프로야구 투수에 관한 이야기를 들려주었다. 그는 시즌 초반 몇 차례 경기에서 패했다. 그러자 불법이라는 것을 알면서도 경기력 향상을 위해 약물에 손을 댔다. 이런 톰 라이언스의 행동을 어떻게 설명할 수 있는지 물었다.

　미국인과 일본인을 비교한 실제 실험 결과는 이랬다. 먼저 미국인들은 톰 라이언스의 행동을 설명하면서 그가 정직하지 못하고 게으르다고 평가했다. 그것이 행동의 주요 동기라고 판단한 것이다.

　반면 일본인들은 톰 라이언스의 행동은 팀의 동료들을 실망시키기 싫어서거나 같은 팀 동료들도 약물을 했기 때문일 것이라고 판단했다. 동아시아인들은 환경이나 상황, 남들이 나를 어떻게 생각하는지에 더 많이 신경 썼다. 그래서 타인이나 자기 자신의 행동을 그런 동기로 설명한 반면, 미국인들은 행동의 원인을 개인의 특성에서 찾는 경우가 많았다.

　이와 같은 실험 결과를 통해 동서양의 차이를 도출할 수 있을까? 물론 사람의 행동을 결정짓는 요인은 수없이 많다. 하지만 동서양의 차이를 일으키는 요인 가운데 문화 충돌의 단서로 볼 만한 게 최소 한 가지는 있다. 내가 말하려는 첫 번째 요인은 다음 질문에 대한 사람들의 대답과 관련이 있다.

"어떻게 하면 선하고 바람직한 사람이 될 수 있는가?"

"옳은 일을 하고 선한 사람이 되려면 어떻게 살아야 하는가?"

이는 개인과 사회가 답해야 할 아주 큰 질문이다. 이 질문에는 최소한 두 가지 패턴의 답이 나왔다. 둘 다 옳고 실행 가능하며, 삶을 살아가고 사회를 구성하는 중요한 방식이다. 하지만 이 둘은 동시에 매우 다르다.

서양에서는 사람이 어떻게 살아야 하느냐에 대한 질문에 대해 독립, 개별성, 고유성, 영향력, 자유, 평등과 같은 대답이 나왔다. 이것이 그들이 일반적으로 받아들이는 방식이다. 반면 동양에서는 상호 의존, 상관성, 유사성, 적용, 뿌리, 서열 등의 보편적인 대답이 나왔다.

인간은 어디에서든 타인과 교류하며 살아가지만 관계의 본질은 서로 다르다. 서양의 경우는 자아와 타인의 사이가 단단한 벽으로 막혀 있다. 말하자면 타인은 아무리 가까워도 자아와 분리된 개별적인 존재다. 반면 동양의 경우는 가장 중요시하는 게 자아와 타인의 관계며, 이 둘은 서로 끈끈하게 교류하고 적응하며 관계를 맺는 존재다.

서양에서 인간은 개별적이며 고유성이 강조되는 존재다. 또한 다른 사람이나 세상에 영향을 끼쳐야 바람직한 인간이라고 생각한다. 그러기 위해서는 타인과의 대화를 통해 자신의 의견을 표현해야만 한다. 그리고 독립적인 인간은 자유로워야 한다고 생각한다. 여기서 말하는 자유는 역사와 전통, 환경, 장소로부터의 자유로움이며, 이런 것들에 의해 영향받지 않는 상태여야 한다는 것이다. 또한 동아시아에서는 위계질서를 통해 자신의 위치를 알고 그에 순응해야 한다는 생각이 보편적이지만 서양에서는 평등에 관한 담론이 다양하게 이루어진다. 사람은 모두 평등하고, 평등을 추구해야 한다는 것이다. 인간은 남보다 우월하거나 적어도 평등하다고 느껴야 한다는 개념이다.

하지만 동아시아의 행동 결정 요인은 이와는 많이 다르다. 그들은 좋은 관계를 유지하는 데 중점을 둔다. 어떻게 하면 타인과 소통하면서 비슷해질 수 있는지 의식하고, 적응과 순응을 중요하게 여긴다. 타인의 기대에 부응하고 약속을 지키며, 특정한 상황에 맞는 다양한 규범을 따른다. 또한 자유롭게 떠돌기보다 역사와 장소, 환경, 전통에 뿌리내려야 한다고 생각한다. 그리고 그것이 곧 내가 누구인지에 대한 정의다. 또한 여러 위계질서 가운데 내 위치를 알아야 사회가 필요로 하는 바람직한 사람이 될 수 있다고 믿는다.

서양의 경우처럼 독립성을 중요시하는 사람들은 개인의 내면에 집중한다. 선호와 선택, 내적 특성이 그 사람의 행동을 결정한다는 게 서양에서의 일반적인 인식이다. 올바른 사람이 되기 위해서는 그런 것들이 필요하다고 생각하는 것이다. 동양의 경우처럼 상호 의존을 중요시하는 사람들은 타인과의 관계에 집중한다. 타인과 소통하고 그들의 기대와 약속에 부응하며 사는 것이다.

양쪽 모두 옳은 답이다. 그런데 처음 미국에 온 학생들 가운데 이 둘 사이에서 충돌을 겪는 경우가 꽤 많다. 이들은 세상을 대하는 두 가지 다른 방식, 즉 독립적인 방식과 상호 의존적인 방식 안에서 살아가야 한다. 하지만 이런 것을 깨닫거나 누군가에게서 배우는 데는 오랜 시간이 걸린다. 세상을 대하는 데는 이외에도 여러 방식이 존재한다. 하지만 이 두 가지 방식이라도 각각 인정하고 이해하면 적어도 자신이 미치지 않았다는 것만은 확실하게 깨달을 수 있다.

미국의 인류학자 데이비드 플래스David Plath는 이렇게 말한다.

미국 문화의 악몽은 성장을 향한 개인적 열망을 사회적 합일이라는 노예근성으로 앗아간다는 것이다. 우리는 이런 집단주의로부터 개인을 보호하기 위해 평생 싸워나가야 한다.

다소 극단적인 주장이기는 하지만 우리는 이 문장을 통해 숨겨진 미국식 사고방식을 엿볼 수 있다. 바로 타인의 영향력이 커지는 상황을 염려하고, 그것에서 자유로워지려 노력한다는 게 바로 그것이다. 미국 사회에 만연해 있는 이런 의식을 알면 미국인을 이해하는 데 도움이 된다. 대부분의 미국인들이 규범을 따르지 않고 남과 다른 독특한 행동을 하는 것도 대개 그런 이유에서다.

이번에는 일본의 인류학자 오누키 에미코大貫惠美子의 말이다.

사회적 자아는 사회적 타자 없이 존재할 수 없으며, 반드시 사회적 맥락 속에서 사회적 타자와의 대화를 통해 정의되어야 한다. 사케(일본 술)를 혼자 따라 마셔야만 하는 고립된 사람은 온전한 자아의 자격을 잃어버리기 직전이라 할 수 있다.

이 역시도 극단적인 발언이기는 하지만 사람을 사람답게 만드는 데 타인의 역할이 중요하다는 생각을 엿볼 수 있다. 미국식 사고방식과는 매우 다르다. 사람은 누구나 타인을 필요로 하지만 다른 사람과 어떤 관계를 맺느냐가 미묘하지만 결정적인 차이를 만들어낸다.

문화가 만들어내는 생각의 차이

|

자아에 대한 이처럼 다른 생각들은 어디서 기원하는 것일까? 우리는 어디서 이런 생각을 얻게 될까?

여기에는 수많은 답이 존재한다. 인류의 기원까지 거슬러 올라가 생각의 차이가 어떻게 생겨났는지 알아볼 수도 있다. 실제로 동서양의 문화 차이가 어디서 생겨났는지, 그 근원에 대해 궁금해하는 사람들도 많다. 문화심리학자들은 문화 차이가 어디서 온 것이지 알아내기 위해 진화론적인 관점에서 이 문제를 연구하기 시작했다.

원래 인간은 상호 의존적으로 행동했던 것으로 보인다. 인간은 서로 의존하고 협동하면서 발전해왔다. 그래서 상호 의존성이 중요하다는 것은 명백한 사실이다. 특히 동양에서는 쌀을 재배했기 때문이라는 주장이 있다. 쌀을 재배할 때는 익은 벼를 신속하게 수확해야 하기 때문에 혼자 하기보다 상호 의존적으로 농사를 지을 수밖에 없다. 하지만 밀 재배는 다르다. 밀은 한 달 만에 재배가 가능하고 빨리 수확할 필요도 없다. 그렇다 보니 혼자서 혹은 적은 인원으로도 농사를 지을 수 있다. 이렇게 서로 다른 생태 환경 때문에 다른 농업에 종사하게 되었고, 거기서 차이가 비롯되었다는 이론이다.

또 다른 학자들은 다양한 위협으로부터 스스로를 보호하려면 상호 의존성이 중요할 수밖에 없다고 주장한다. 예전에는 지금보다 위험 요소가 훨씬 많아서 서로 의존할 필요가 있었다는 것이다. 일리 있는 주장이기는 하지만 그것으로 공자와 맹자의 주장이 왜 정반대였는지를 설명하기는 어렵다. 인간은 어떠해야 하고, 삶에서 중요한 것은 무엇인지에 대해 공자와 맹자도 서로 다른 주장을 했기 때문이다.

동양 철학을 공부하면서 동양에서도 개인주의가 강조된 시기가 몇 번 있었다는 사실을 알게 됐다. 무슨 이유에서인지 오래 가지 못하고 사라지기는 했지만 그런 생각을 한 사람들이 있었다는 것만은 분명하다. 서양에서는 계몽주의와 계몽주의 사상가들이 큰 역할을 했다. 미국은 독립 사상으로 탄생한 지 얼마 안 된 나라다. 결론적으로 문화 차이에는 생태 환경과 관념적 이론이 함께 작용한다고 할 수 있다. 하지만 지금 내가 살펴볼 답은, 인류의 서로 다른 존재 방식은 문화에 의해 생겨났다는 점이다.

문화를 정의하는 방식에는 여러 가지가 있지만 간단하게 네가지 단계로 정의하겠다. '사상'과 '제도', '상호작용'과 '자아'가

개인의 사고와 감정, 행동을 지배한다. 그리고 이런 네 가지 단계의 문화가 서로 어우러져 역동적인 '문화 사이클'을 만들어낸다.

첫째, 사상의 단계다. 여기에는 지금까지 예로 들었던 몇 가지 거대 담론이 있다. 자아란 무엇인가, 정의란 무엇인가, 도덕성이란 무엇인가, 선이란 무엇인가, 진실이란 무엇인가 등의 답은 어느 문화에나 있다.

둘째, 제도의 단계다. 정부, 군대, 교회, 과학, 법원 등의 제도들은 매우 중요하다. 사상은 이 제도를 통해 활용되어야 비로소 힘을 얻을 수 있기 때문이다.

셋째, 상호작용의 단계다. 일상에서 이루어지는 타인과의 교류와 모든 문화적 산물, 다양한 환경에서 따라야 할 규범 등이 우리의 삶을 구성한다. 제도는 타인과의 교류를 허락하고 막는 방식으로 우리의 상호작용에 큰 영향을 끼친다.

넷째, 자아의 단계다. 개인의 생각과 감정, 행동과 관련된 단계다. 내가 문화심리학자로서 연구하는 것은 자아의 차원이 문화 사이클의 나머지 단계에 내재되어 있어야 우리가 비로소 이해할 수 있다는 사실이다. 한 사람을 만들어내고 조종하는 문화를 모르고서는 그 사람의 행동을 이해할 수 없기 때문이다.

문화는 역동적이며 늘 변화한다. 사상이 유통되고, 방식이 변하고, 이런 것들이 서로 영향을 끼치고, 제도도 변한다. 세상에 변하지 않는 것은 아무것도 없다. 문화는 사람들이 이런 변화를 이해하도록 돕는다.

이 네 가지 단계의 또 다른 특징은 개인이 별개가 아닌 문화의 일부분이라는 점이다. 그렇다면 개인이 문화를 바꿀 수도 있으니 매우 긍정적인 일이다. 따라서 문화는 선조들에 의해 형성된 산물이지만 우리의 행동으로 얼마든지 바꿀 수 있다. 그런 사실을 깨달은 사람은 자신의 문화를 분석해보면 된다. 그런데 사람들은 자아가 문화에 의해 형성되는 사실을 불편해한다. 하지만 인류에게는 문화가 필요하다. 사람의 심리는 문화적이기 때문이다.

우리가 입는 옷과 먹는 음식, 축하하고 경배하는 방식 등이 문화적이라는 사실에 대해서는 대부분의 사람들이 쉽게 이해한다. 하지만 문화심리학자들이 밝혀내고자 하는 것은 우리의 생각과 감정, 행동도 문화와 분리될 수 없다는 점이다. 문화에 순응하는 것은 일과 생산성, 성과는 물론이고 건강과 행복을 위해서도 중요하다. 자신의 문화에 적응하지 못하고 충돌하면 문제가 발생할 수밖에 없다. 또한 인간은 누구나 문화적으로 형성되고, 스스로 문화를 만들어낸다. 그리고 그 문화 안에서 큰 힘을 갖는다.

동서양의 문화 차이에 대해 이야기하고는 있지만 사실 우리는 누구나 다문화적이다. 국가의 문화는 우리를 형성하는 수많은 문화 중 하나일 뿐이다. 문화의 차원에는 여러 가지가 있고, 우리는 문화를 필요로 하지만 오늘날은 특히 서로 다른 문화의 충돌 가능성이 매우 크다. 우리 안의 내적 충돌도 그중 하나다. 서로 다른 문화가 우리 안에 다른 사상을 만들어내면, 우리는 어떻게 반응해야 할지 혼란스러워진다. 동서양의 대립처럼 서로 충돌할 수도 있고, 우리가 우리의 문화와 충돌할 수도 있다.

내가 앨래나 코너Alana Conner와 함께 집필한『우리는 왜 충돌하는가』에는 인간을 정의하는 여덟 가지 문화적 갈등에 대한 설명이 있다. 우리는 미국인의 입장에서 사람들의 행동 방식을 결정하는 여덟 가지 갈등을 분석했다.

서양에서는 남성성이 강한 문화일수록 독립적인 방향으로 흐르는 경향이 강하다. 특히 백인이 독립적인 문화를 강조하는 경우가 많고, 중산층이나 고등 교육을 받은 사람, 재산이 많은 사람일수록 자아를 독립적으로 보는 경향이 있다. 또 주류 개신교를 믿는 사람일수록 자아를 더욱 독립적으로 생각하고, 사업을 하는 사람들이 일반적으로 더 독립적이다. 지구 북반구에 사는 사람들이 남반구 사람들보다 더 독립적인 자아를 드러내며 그런 관념에 더 익숙하다.

반대로 여성성이 강한 문화일수록 상호 의존성을 중요시한다. 유전적이나 본능적인 이유가 아니라 대부분의 사회에서 여성에게 요구되는 역할이 상호 의존성과 밀접한 관련이 있기 때문이다. 또 유색인종이 더 상호 의존적이고 교육을 적게 받은 사람일수록 상호 의존적이며, 북반구보다 남반구 사람들이 더 상호 의존적이다.

이로써 우리는 독립성이 권력과 비례한다는 아주 흥미로운 사실을 알아냈다. 이 연구 결과를 비롯해 여러 문화심리학 연구에서 발견한 사실은, 우리가 아는 심리학은 'WEIRD'라는 것이다. 이상하거나 다르다는 뜻의 영어 단어지만 여기서는 머리글자만 따서 '서양의, 교육받은, 산업화된, 부유한, 민주적인'이라는 의미다.

심리학은 주로 이런 사람들을 연구해왔다. 사회적으로 중요하고 권력이 있는 사람들이니 연구 대상으로 삼는 것도 나쁘지는 않다. 하지만 전체적인 맥락에서 보면 이런 조건을 모두 갖추고 있는 사람은 전 세계 인구의 15퍼센트에 불과하다. 결국

심리학은 전 세계 인구의 85퍼센트에 대해서는 아직 파악하지 못했다는 뜻이다. 따라서 심리학을 비롯해 사회학, 경제학, 인류학 등의 사회과학 분야에는 전체 인구의 행동을 이해하기 위해 연구해야 할 과제가 여전히 산적해 있다.

또한 현재의 심리학은 독립성 쪽으로만 편향되어 있다. 지금까지 인간 행동을 연구한 이론들은 독립적인 인간 모델에 근원을 둔다. 하지만 훌륭하고 올바른 사람이 되는 방법은 한 가지만이 아니다. 심리학은 상호 의존적인 존재에 관해 더 많은 정보와 지식을 필요로 한다. 그렇기 때문에 그런 문화가 어디서 왔고 어떤 형태이며, 무슨 의미가 있는지 알아내야 한다.

문화 사이클의 4가지 단계
|

동양과 서양의 차이가 왜 발생하는지 설명하기 위해서는 먼저 문화 사이클부터 살펴보아야 한다. 동아시아의 문화 사이클은 상호 의존성을 강조하고, 유럽과 미국의 문화 사이클은 독립성을 강조한다. 그래서 추구하는 인물상을 가르치는 이론도 서로 다르다.

먼저 사상의 단계부터 이야기해보자. 세상 어디에나 지배적인 사상이 있기 마련이다. 먼저 미국적인 사고방식에서 말하는 훌륭한 사람은 서구의 분석 철학에 그 기반을 둔다. 데카르트는 어떻게 하면 좋은 사람이 되느냐는 질문에 이런 명쾌한 답을 내놓았다. "나는 생각한다. 고로 존재한다." 그가 생각하는 사람은 생각하는 존재였다. 이것은 데카르트 사상의 바탕이 되는 이론으로서, 그는 이것을 누구도 의심할 수 없는 사실이라고 주장했다. 생각이 곧 내가 누구인지를 정의한다는 것이다.

반면 동아시아 사상의 근원이 되는 공자는 이렇게 말했다. "효는 백행의 근본이다." 둘 다 인간을 정의하는 기본 사상이지만 개념은 완전히 다르다. 이렇게 효를 강조하는 전통에서 자란 사람이라면 얼마든지 불이 난 집에서 어머니를 우선으로 구하겠다고 답할 수 있다.

다음은 제도의 단계다. 제도에는 법원, 언론, 군대, 교회 등이 있으며, 교회를 예로 들어 한국과 미국의 제도적 차이를 살펴보자. 오늘날 두 나라에서 교회는 굉장히 중요하고 강력한 기관으로 자리 잡고 있다. 특히 개신교는 미국과 한국 양쪽 모두 그 규모가 점차 성장 중이다. 그래서 겉에서 보면 양국의 교회는 유사성이 크다.

일례로 텍사스에 있는 레이크우드 교회는 그 규모가 콘서트장을 방불케 한다. 그 큰 교회 안에 매주 사람들이 가득 찬다. 그리고 사람들은 자기가 입고 싶은 편한 복장을 하고 예배에 참석한다. 그러나 복장과 달리 예배는 매우 중요하게 생각한다. 서울에도 대형 교회가 많다. 규모 또한 레이크우드 교회와 별반 다르지 않다. 한 가지 눈에 띄는 차이가 있다면 한국 사람들의 복장이 더 격식을 갖추었다는 점이다. 사회적으로 그런 기대가 있기 때문이다.

최근 한 연구에서는 두 나라 교회의 사명선언문을 비교함으로써 개신교를 전파하며 어떤 일을 하고자 하는지를 알아보았다. 그러자 겉모습과 달리 아주 큰 차이를 보였다. 미국 교회는 자아의 성장을 강조한다. 개인의 사고 및 영적 성장과 성숙에 초점을 맞추는 것이다. 그리고 개개인이 그리스도에게 사랑받고 용서받았다는 사실을 가르친다.

반면 한국 교회에서는 그 강조점이 많이 달랐다. 여기서 가장 중요하게 생각하는 점은 성도들 간의 애정 어린 관계를 형성하고, 교회 내에서 여러 활동에 동참하며, 공동체 안에서 서로를 위해 기도하고 축복하는 것이었다. 미국 교회의 사명선언문에서는 이런 언급을 거의 찾아볼 수 없다. 두 제도 모두 올바른 사람이 되는 법에 관해 강조하고 같은 기독교 가치를 추구하지만 메시지는 전혀 달랐다.

이번에는 상호작용의 단계다. 상호작용은 우리의 일상을 구성한다. 타인과의 상호작용, 여러 장치와의 상호작용, 소셜 미디어와의 상호작용 등 여러 방면에서 기능하며, 문화심리학에서는 문화적 산물을 연구한다. 사람들이 무엇을 하며 시간을 보내는지를 보는 것이다. 바로 그것을 통해 어떤 사람이 되어야 하는지에 대한 사상이 전달되기 때문에 이는 아주 강력한 도구라고 할 수 있다.

예를 들어 상품을 광고하는 회사 입장에서는 자사의 상품을 다양한 문화적 배경을 지닌 사람들이 옳다고 믿는 사상과 연관시키고 싶어 한다. 상호작용 단계에 해당하는 몇 가지 예를 통해 동서양의 차이를 확인할 수 있다.

스탠퍼드대학교의 한 건물에 이런 포스터가 붙었다. 포스터에는 점박이 강아지 달마시안의 사진과 함께 "용기를 내서 남들과 달라지세요!"라는 글이 적혀 있었다. 보통의 강아지들과 다른 달마시안처럼 '다름'은 좋은 것이라는 메시지를 담고 있다. 그런데 한국에서 유학을 온 학생들에게 물어보면, 한국에서는 다름을 좋은 것이라고 생각하지 않는다고 말한다. 그러면서 한국어의 '틀리다'라는 단어가 종종 '다르다'라는 뜻으로 사용되기도 한다고 말한다. 한국에서는 다름이 틀림과 짝을 이루고, 미국에서는 다름이 좋음과 짝을 이룬다.

이번에는 휴대전화 광고를 예로 들어보자. 한국 광고의 예다. 한 연인이 여행을 가기로 약속을 한다. 그런데 남자친구가 갑자기 약속을 취소하게 되고, 두 사람은 여행 대신 함께 식사를 한다. 여성은 실망하기보다 여행을 가지 않아도 함께하니 즐겁다며 만족해한다. 여행보다 연인 사이의 관계에 초점을 맞추어 둘이 함께하는 게 무엇보다 즐겁다는 메시지를 전달하는 것이다.

이번에는 미국 휴대전화 광고의 예다. 한국 광고와 달리 한 명의 여성 모델이 등장하고 카메라는 시종일관 그녀에게만 초점을 맞춘다. 사람들이 함께하는 관계의 모습을 보여주는 한국 광고와는 사뭇 다르다. 이런 문화적 산물로 어떤 삶이 좋은 삶인지에 대한 메시지를 전달하는 것이다.

이번에는 서강대 심리학과 나진경 교수의 최신 연구 결과를 예로 들어보겠다. 동양과 서양인의 SNS 활용 비교를 조사한 결과다. 아시아인은 자기 자신에 대해 이야기하는 '상태 업데이트'를 하기보다 다른 사람의 포스팅에 '좋아요'를 누르는 비율이 높았다. 반면 미국인은 '좋아요'도 많이 누르지만 그만큼 자기 상태를 업데이트하는 비율도 높았다. 세상을 향해 자신을 표현하는 것이다. 문화적 산물로 가득한 세상에서 사람들은 이렇게 서로 다른 방식으로 어떤 사람이 되어야 하는지를 이야기한다.

마지막으로 개인적인 단계다. 개인의 생각과 감정, 행동 차원에서의 차이점에 대해 알아보자. 신경과학 분야의 한 연구에 따르면 매일 샌프란시스코 거리를 걷는 사람의 뇌는 서울 거리를 걷는 사람의 뇌와 다른 활성화 패턴을 보여준다고 한다. 인간의 모든 것은 환경에 따라 바뀌기 때문에 충분히 가능한 이야기다.

쉬휘 한Shihui Han의 연구팀은 어머니에 관해 대답할 때와 자신에 관해 대답할 때 사람들의 뇌에서 어떤 변화가 일어나는지를 관찰했다.

중국인들의 뇌는 어머니에 관해 말할 때와 자신에 관해 말할 때 뇌의 같은 영역에 불이 들어왔다. 하지만 미국인들은 자신에 관해 생각할 때와 어머니에 관해 생각할 때 뇌의 다른 영역이 활성화됐다. 뇌의 반응으로 볼 때 미국인들은 어머니와 나를 별개로 보는 것이다. 이런 실험 결과를 통해 우리는 행동의 차이를 이해할 수 있고, 그것이 생리적인 기능에까지 영향을 끼친다는 것을 알 수 있다.

이번에는 뇌가 아닌 다른 반응 패턴을 분석하기 위해 사람들에게 인생에서 무엇이 가장 중요한지 물어보았다. 많은 미국인이 첫 번째로 가족을 꼽았고, 두 번째는 건강, 세 번째는 수영이나 골프, 영화 감상 같은 취미 활동이라고 대답했다. 한국인들에게 같은 질문을 했더니 이와는 다른 패턴이 나왔다. 첫 번째가 자녀의 성공이었고, 두 번째가 가족의 화목, 세 번째가 가족의 건강이었다. 모든 답이 가족에 초점이 맞추어져 있다는 것을 알 수 있다.

이 설문을 처음 실시한 것은 20년 전이다. 이후 시간의 흐름에 따라 다시 설문조사를 했으나 대답의 패턴은 거의 동일했다. 세월에 따른 변화에도 불구하고 서로가 중요하게 여기는 가치는 달라지지 않은 것이다.

사람이 어떻게 하면 행복해지는지, 행복의 비결이 무엇인지에 관해서도 동양과 서양에서의 답은 다르다. 독립성을 강조하는 서양에서는 개인의 주관성과 감정, 생각, 선호 등의 내적 특성과 긍정적인 상태에 집중하기 때문에 내면의 감정을 긍정적인 상태로 끌어올리면 행복해질 가능성이 높다.

반면 상호 의존을 중시하는 동양에서는 관계에 집중하기 때문에 남들과 좋은 관계를 맺는다든지, 다른 사람에게 잘 보인다든지, 인간관계가 잘 돌아가고 있다는 느낌 등이 행복해지는 비결이다. 물론 환경에 따라 이런 일이 쉬울 수도 있고 그렇지 않을 수도 있다.

지금부터 나의 동료 교수들이 찾아낸 동양과 서양에서 바라보는 행복의 차이에 대해 이야기해보자.

스탠퍼드대학교의 잔 차이Jeanne Tsai 교수 팀은 여러 문화 상품에서 서양인이 짓는 미소의 크기를 측정했다. 그중에서도 유명 패션잡지 모델들의 표정에 집중한 결과 서양인은 치아를 드러내며 아주 크게 활짝 웃는 반면, 한국의 모델은 입을 다물고 차분한 미소를 짓는다는 것을 알아냈다. 뿐만 아니라 화장품 광고에 등장한 미국과 한국의 여성 모델들 역시 기분이나 만족감, 행복을 표현하는 방식에 차이가 있었다.

이런 미소에는 어떤 의미가 숨어 있을까?

여러 연구에서 밝혀냈듯이 동아시아인들은 차분하고 잔잔한 미소가 곧 균형과 안정감을 대변한다고 생각한다. 이런 고요함을 통해 다른 사람의 기분과 상황에 주의를 기울일 수 있기 때문이다. 상호 의존적인 환경에 익숙해진 자아는 이런 방식을 올바르게 여길 수밖에 없다.

반면 미국인들은 환한 미소를 좋아한다. 크고 환한 미소는 행복을 상징하며, 또 자신의 감정 상태가 긍정적이라는 것을 보여줄 수 있기 때문이다. 환한 미소로 행복감을 표현함으로써 자신이 성공한 인간이라는 일종의 신호를 보내는 것이다. 미국인이 항상 커다란 미소를 짓는 것은 바로 그런 이유에서다. 또한 미국에서는 긍정성을 매우 강조한다. 그래야만 내적 자질을 갖춘 훌륭한 사람이라는 것을 드러낼 수 있기 때문이다.

그렇다 보니 부정적인 기분은 어떻게든 피하려고 한다. 그래서 미국에는 '해 뜰 날을 기다려라', '햇살이 비추는 땅만 밟아라' 등의 격언이 많다. 낙관적으로 생각하고 긍정적으로 바라보며, 부정적인 생각은 버려야 행복해질 수 있다고 생각하기 때문이다.

그러나 동아시아에서는 빛과 어둠, 선과 악이 한 쌍으로 얽혀 있다고 생각한다. 부정적인 감정도 삶의 일부라고 생각하는 성숙한 태도를 보인다. 내가 잘못해서가 아니라 언제든 찾아왔다가 사라지는 감정이기에 그렇다.

긍정과 부정은 서로 맞물려 자연적으로 순환한다. 부정적인 감정이 찾아오면 가만히 참고 기다리거나 견디고 억눌러야 하지만 그런 감정이 생기는 것 자체는 지극히 자연스러운 일이다. 하지만 미국에서는 그런 감정을 없애버려야 한다고 생각한다.

행복을 향한 서로 다른 두 가지 접근법을 예로 들어보자. 먼저 유럽계 미국 학생이 쓴 글이다.

나는 행복해지려고 매일 부단히 노력한다. 슬픈 감정과 좌절감은 질색이다. 이런 부정적인 생각으로 하루를 보낸다는 것은 정말이지 견디기 힘든 일이다.

미국인들은 이렇게 부정적인 감정을 즉각 쫓아내려 한다. 다음은 중국 학생이 쓴 글이다.

영원한 행복은 없고, 삶은 행복과 불행의 연속이다. 슬픔과 행복 사이에서 균형을 유지하고 싶다.

둘 사이의 조화를 추구하고, 두 가지 모두 삶의 일부로 받아들인다는 것을 알 수 있다. 우리 팀은 최근 연구에서 이런 두 가지 감정에 관해 살펴보고, 부정적인 감정이 동서양에서 어떤 역할을 하는지 알아보았다. 그리고 이를 통해 유의미한 차이점을 발견했다.

미국에서는 긍정과 부정의 감정이 심리적 건강과 육체적 건강을 나타내는 강력한 지표로 작용했고, 부정적인 감정은 심신 건강에 악영향을 끼쳤다.

하지만 동아시아에서는 상관관계가 뚜렷하지 않았다. 그보다는 오히려 타인과의 관계가 중요하게 작용했다. 인간관계가 나를 뒷받침해주는지 혹은 피곤하게 하는지가 동아시아인들의 건강에 특히 중요한 역할을 했다. 육체적 건강과 심리적 건강 모두 마찬가지였다. 바람직한 사람이 되려면 타인과 좋은 관계를 맺어야 하는 문화이다 보니 인간관계에 의해 건강과 행복이 결정되는 것은 어쩌면 당연하다.

우리가 겪는 문화 충돌은 인간의 행동을 크게 좌우한다. 이로 인해 친구를 사귈지 말지, 학교나 직장에서 소외되거나 부당한 대우를 당할지 아닐지, 교사가 자신이 이해 못 하는 학생을 어떻게 평가할 것인지 등을 결정한다. 앞에서 언급했던 학생의 경우처럼 교사의 판단에 따라 학생이 겪는 일도 달라진다. 의료 분야에서 환자를 대하는 의사의 행동도 달라질 테고, 누구를 고용하고 승진시킬지도 달라질 것이다. 또 사업을 할지 말지를 가르고, 무엇보다 각국 정상들의 상호관계에도 영향을 끼칠 것이다.

실리콘밸리에서 느낀 바에 따라 동양과 서양 사람들을 비교해보면, 아시아계 이민자들은 미국 내에서 최고 연봉을 받으며

초고속으로 성장하는 고소득 산업 시장을 장악하고 있다. 특히 기술 분야에서는 아시아인이 엄청난 비율을 차지한다. 하지만 미국 내 아시아인들은 '대나무 천장bamboo ceiling'▲에 가로막혀 기업의 회장이나 부회장 같은 리더십 레벨의 자리에 오르지 못한다. 왜일까? 그런 직급에 있는 미국인들에게 그 이유를 물어보면 "아시아인은 적격한 리더십을 보여주지 않는다"거나 "리더로서의 존재감이 없어요"라고 대답한다.

리더로서의 존재감이 없다는 말은 곧 독립적인 자아가 없다는 뜻이다. 미국인들이 생각하는 바람직한 자아는 독립적이어야 하기 때문이다. 그래서 충돌이 벌어지곤 한다. 아시아인이 보기에 미국인은 웃음과 말이 헤프고, 미국인이 보기에 아시아인은 조용하고 감정 표현이 적어서 생각과 느낌이 없는 것으로 받아들인다.

유럽계 미국인들은 말을 하면서 사고에 도움을 받고, 그로 인해 자유롭게 자기 의견을 표현하면서 영향력을 행사한다. 그리

▲ 미국 내 아시아인들은 다른 인종에 비해 일류 대학을 졸업하고 기업에 성공적으로 취직하는 비율이 높다. 하지만 드러나지 않는 주위의 편견 때문에 승진 등에서 불이익을 받아 최고경영자로까지 올라가기는 어렵다. 미국 싱크탱크인 워크라이프 정책센터CWLP가 보고서를 통해 동양인을 대나무에 빗대어 만들어낸 용어다.

고 그렇게 하는 게 올바른 방법이라고 생각한다. 하지만 아시아
인 혹은 아시아계 미국인들은 말을 하면 생각에 방해를 받는다
고 생각한다.

미소와 감정도 마찬가지다. 동아시아인이 차분하고 조용한
정서를 선호하는 것은 그래야만 타인의 감정을 주의 깊게 살필
수 있기 때문이다. 반면 미국인이 말이 많고 과장된 정서를 선
호하는 것은 그래야만 자신의 긍정적인 감정을 명확하게 전달
할 수 있기 때문이다.

동서양의 이런 문화 사이클의 차이를 극복할 수 있는 방안은
없을까?

첫째, 제도적인 차원에서 아시아인을 리더십 레벨의 자리에
오르게 하는 것이다.

둘째, 아시아인의 기여도를 인정하고 이를 표현하는 것이다.

셋째, 아이디어로 공헌할 수 있는 다양한 방안들을 직원에게
제공한다. 예를 들어 회의에서 말하기를 불편해하면 다른 방법
을 제공하는 것이다.

넷째, 감정 표현과 정서적 다양성을 존중한다. 내 생각에 문
화 차이가 포착될 때 가장 좋은 방법은, 나와 다른 방식을 존중
하고 이를 표현할 길을 마련하는 것이다.

다문화 속에서의 번영을 위한 조화와 균형

|

지금까지의 이야기들을 정리해보면, 독립을 중시하는 서양의 문화 사이클은 개인에게 집중하고 개인의 선호와 선택뿐만 아니라 남과 다른 점, 긍정적인 감정, 감정의 과장에 초점을 맞춘다. 상호 의존을 중시하는 동아시아의 문화 사이클은 인간관계와 상황 적응력, 긍정성과 부정성의 균형, 차분함에 초점을 맞춘다. 둘 다 바람직한 인간상에 대한 좋은 답안이며, 각각 장단점을 가지고 있다.

다문화 세상에서 번영을 누리는 방법으로 내가 내린 결론은 두 가지 방식을 인식하고, 최대한 둘 다 체득하려고 노력하는 것이다. 즉 상황에 따라 독립적인 인간이 되기도 하고, 상호 의존적인 인간이 되기도 해야 하는 것이다.

문화 충돌은 종종 발생할 수밖에 없는데 그럴 때마다 갈등의 상대나 나 자신에게 문제가 있다고 생각할 필요는 없다. 개인적인 갈등으로 받아들이지 말고, 갈등의 대상이 형성하고 있는 문화 사이클의 차이를 고려하는 게 중요하다. 그리고 동아시아인들의 강점인 상호 의존성을 발휘하는 것이다. 다른 사람에게 주의를 기울이고, 다른 사람의 말을 경청하는 태도는 갈등 상황을 분석하거나 문제를 해결하는 데 훌륭한 방법이다.

그러면 어떻게 하면 상호 의존성을 높일 수 있을까?

그 방법으로 첫째는 말하기 전에 경청하기가 있다. 둘째는 자신의 특별한 점보다 타인의 유사성 강조하기며, 셋째는 상대에게 수많은 선택지를 주는 대신 그 상대의 필요를 예상해서 채워주기다. 넷째는 긍정적 관계 구축하기며, 다섯째는 상호 간의 관계 최우선하기다. 여기까지가 동아시아인에게 익숙한 상호 의존적 특징이다.

다음은 독립성을 높이는 방법이다. 현대 사회에서는 두 가지 방식 모두 필요하므로 누구나 배워둘 필요가 있다.

첫째는 당당하게 말하기며, 둘째는 나만의 특징과 의견을 표출하기, 셋째는 모든 행동과 선택은 스스로 하기다. 넷째는 자신 있게 주장하고 자신만의 목표에 집중하기며, 다섯째는 이기적인지의 여부에 신경 쓰지 않기고, 여섯째는 다른 사람만큼의 권위가 있다고 생각하기다. 이것이 바로 미국식 독립성이다. 자기를 내세운다고 해서 반드시 이기적인 사람으로 보이는 것은 아니다. 위계질서에 바탕을 둔 사고방식과 달리 평등에 집중하는 이런 태도가 필요할 때가 있다.

한국은 문화적으로 상호 의존적인 사회다. 그러나 한국 안에서도 개인차가 매우 크며, 한 개인 안에서도 '개인적인 차원에서의 나'와 '지배 문화 안에서의 나'가 상호작용한다. 그렇다 보니 나와 다른 사람과의 충돌보다 개인적 차원과 문화적 차원의 불일치가 생겨나는 경우가 많다. 남과 달리 독창적이고 싶다는 생각을 가진 세대가 많아져서기도 할 테고, 한국 문화가 독립적으로 변화하고 있다는 일종의 신호일 수도 있다. 하지만 여전히 불타는 집에서 어머니를 구하겠다는 사람이 많은 것을 보면, 개인적으로 원하는 것과 전통으로서의 문화가 요구하는 것 사이에 충돌이 일고 있다는 것을 알 수 있다.

OECD 국가들 중 한국의 우울증과 자살률은 안타깝게도 1위다. 이런 현상이 상호 의존적 자아 때문이라고 주장하는 사람들도 있다. 그렇다면 왜 이런 현상이 나타날까?

먼저 행복과 만족감을 측정하는 척도를 의심해볼 수 있다. 서양에서 만들어진 측정법은 독립성에 기반을 둔 문화적 산물이기 때문이다. 그럼에도 자살률이 다른 국가보다 높고 지속적으로 증가하고 있다면 상호 의존성의 문제라고 의심하는 게 합당하다. 항상 타인의 기대와 사회적 책임을 충족시켜야 한다는 것은 엄청난 부담으로 작용할 테니 말이다. 자신을 둘러싼 촘촘한 사회관계망을 빠져나가려면 이 세상 자체를 떠나는 방법밖에 없다고 생각할 수도 있을 것이다. 게다가 아시아인들은 타인에게 짐이 되기 싫다는 생각이 아주 강해서 마지막 선택으로 삶을 포기하는 경우가 있다.▲

반면에 미국인들은 남에게 폐가 되는 것을 결코 걱정하지 않는다. 물론 그래서 남들을 힘들게 하는 단점도 있다. 자신의 행동이나 주장의 결과를 생각하지 않기 때문이다. 하지만 그래서 자살률이 낮은 것도 사실이다.

그렇다면 앞으로 인류는 더 독립적으로 변할까, 상호 의존적으로 변할까?

미국에서는 동양에 대한 관심이 점차 커지고 있다. 동양식 명상 수련을 하는 사람이 많아졌고, 자연을 지배 대상으로 보던 시각과 달리 조화를 이루려는 노력이 많아지고 있다. 또한 남들과 비슷한 삶을 사는 것을 높이 평가하고, 심지어 독실한 기독교인 중에서도 불교 사상에 심취해 욕망이나 고통을 덜어내고자 단순한 삶을 추구하는 사람들도 있다.

미국인들에게 이런 관념은 낯설지만 아주 강력하다. 미국은

▲ 해당 내용은 연세대학교 심리학과 김영훈 교수와 필자가 나눈 대담 내용을 바탕으로 재구성한 것이다.

자살률이 낮은 대신 각종 중독과 우울증 등의 질환이 심각하기 때문에 각자 행복해질 수 있는 방법을 모색하는 데 집중할 수밖에 없다. 그래서 점차 상호 의존을 인정하는 쪽으로 변화하고 있는 현실이다.

그런 만큼 동아시아인이라면 자신의 상호 의존성이 너무 높지는 않은지, 미국인이라면 자신의 독립성이 너무 과하지는 않은지 스스로 생각하고 따져볼 필요가 있다. 이 둘의 적절한 조화와 균형이 오늘날과 같은 다문화 속에서의 충돌을 최대한 줄일 수 있는 방법일 것이다.

문화 충돌은

종종 발생할 수밖에 없는데,

그럴 때마다 갈등의 상대나

나 자신에게 문제가 있다고

생각할 필요는 없다.

개인적인 갈등으로 받아들이지 말고,

갈등의 대상이 형성하고 있는

문화 사이클의 차이를

고려하는 것이 중요하다.

KI신서 7934

심리학 프리즘

1판 1쇄 인쇄 2018년 11월 30일
1판 1쇄 발행 2018년 12월 12일

지은이 최인철, 폴 블룸, 최인수, 김민식, 마이클 가자니가, 헤이즐 로즈 마커스
공편 재단법인 플라톤 아카데미
펴낸이 김영곤 박선영
펴낸곳 ㈜북이십일 21세기북스
검토 김민식 김영훈 재단법인 플라톤 아카데미

출판사업본부장 정지은
인문기획팀장 장보라 **책임편집** 윤홍
디자인 어나더페이퍼
마케팅본부장 이은정
마케팅1팀 최성환 나은경 송치헌
마케팅2팀 배상현 신혜진 김윤희
마케팅3팀 한충희 김수현 최명열
마케팅4팀 왕인정 여새하
홍보기획팀 이혜연 최수아 박혜림 문소라 전효은 염진아 김선아
제작팀 이영민

출판등록 2000년 5월 6일 제406-2003-061호
주소 (10881) 경기도 파주시 회동길 201 (문발동)
대표전화 031-955-2100 **팩스** 031-955-2151 **이메일** book21@book21.co.kr

ⓒ 최인철, 폴 블룸, 최인수, 김민식, 마이클 가자니가, 헤이즐 로즈 마커스,
  재단법인 플라톤 아카데미, 2018
ISBN 978-89-509-7881-5 03180

(주)북이십일 경계를 허무는 콘텐츠 리더

21세기북스 채널에서 도서 정보와 다양한 영상자료, 이벤트를 만나세요!
페이스북 facebook.com/21cbooks 포스트 post.naver.com/book_21
인스타그램 instagram.com/book_twentyone 홈페이지 www.book21.com
서울대 가지 않아도 들을 수 있는 명강의! 〈서가명강〉
네이버 오디오클립, 팟빵, 팟캐스트에서 '서가명강'을 검색해보세요!